어린이 문장 강화

독서감상문 잘 쓰는 법

김종윤 지음

(주) 자유지성사

이 책을 내면서

　어린이들은 참으로 많은 것을 보고 겪으며 자랍니다. 예쁜 꽃, 귀여운 동물, 싱그러운 바람, 맑은 햇살, 그리고 부모님과 가족들의 따뜻한 사랑, 아름다운 이야기…….

　친구들과의 놀이, 장난감, 그림 그리기, 책 읽기, 어린이들에게 필요한 것은 참으로 많습니다.

　그 중에서도 충분한 영양분은 어린이들의 몸을 자라게 해 주고 좋은 글 한 편은 정신을 살찌게 해 줍니다. 거기에 좋은 글을 쓸 수 있

는 기회가 보태진다면 더더욱 몸과 마음이 튼튼한 어린이로 자랄 것입니다.

일기를 쓰면서 하루를 반성하고, 동시와 동화를 쓰면서 많은 상상의 세계를 펼치고, 생활문을 쓰면서 사랑을 배우고, 논설문·설명문·독후감을 쓰면서는 논리적이고 체계적인 사고력을 키우게 됩니다.

좋은 생각이 담긴 글을 많이 읽고, 좋은 생각을 많이 해 보며, 좋은 생각을 글로 표현해 보는 것, 어린이들에게 그것만큼 소중한 것은 다시 없을 것입니다.

2022년 1월
지은이

차 례

어린이 문장 강화

독서감상문 잘 쓰는 법

1. 독서 감상문이란 어떤 글일까요? • 9

2. 독서 감상문은 왜 쓸까요? • 23

3. 바른 독서법은 왜 필요할까요? • 27
   | 위인전을 잘 읽는 법 / 동화를 잘 읽는 법 /
   | 그 외의 글을 잘 읽는 법

4. 독서 감상문은 어떻게 써야 할까요? • 49
   | 제목 정하기 / 내용 파악하기 /
   | 줄거리 정리하기 / 느낌 표현하기
   | 소감 정리하기 / 마지막 정리

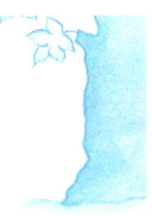

1 독서 감상문이란 어떤 글일까요?

우리는 살아 가면서 많은 책을 읽습니다. 또한 책을 읽고서 어떤 감동을 받거나 새로운 사실을 깨닫기도 합니다.

독서 감상문이란 책을 읽고 난 후에 느낀 감정이나 새로 알게 된 사실을 글로 나타내는 것입니다. 그렇기 때문에 독서 감상문은 사고력을 늘이는 데 큰 보탬이 될 뿐만 아니라 줄거리를 가다듬는 동안 중요한 핵심을 잡아 내는 능력을 키워 줍니다.

여러분이 독서 감상문에 대해서 가장 오해하는 부분은 독서 감상문을 줄거리 요약 정도로만 여긴다는 것입니다. 독서 감상문은 줄거리를 요약하는 것이 절대 아닙니다. 창작한 글입니다.

만약 줄거리만 줄여서 쓴다면 그것은 책의 내용을 간추려 써 놓은 것에 불과합니다. 책의 내용을 간추려 써 놓은 것은 교과서나 참고서에도 얼마든지 있습니다. 그러므로 책의 내용을 간추려 쓴 것을 자기 글이라고 할 수는 없는 것이지요.

독서 감상문은 글쓴이의 생각과 느낌이 중심이 되어야 합니다.

주의할 점은 느낌만 써도 안 되고, 줄거리만 줄여 써도 안 된다는 것입니다. 주인공의 행동, 어떤 대목 등 책의 내용과 함께 자신의 생각을 써야 합니다.

책 속의 내용을 우리의 생활과 비교해 보고 자기의 경험과 연결시켜 좋고 나쁨을 따져 보면서 마음속으로 느낀 감정을 솔직히 적어야 합니다.

다음 예문을 읽고 독서 감상문의 정의와 연결시켜 보세요.

예문

옷을 바꿔 입은 두 소년
— 《왕자와 거지》를 읽고

2학년 구준모

눈이 많이 왔습니다. 친구들이 밖에서 놀자고 저를 불렀습니다. 그렇지만 저는 나갈 수가 없었어요. 왜냐구요? 감기에 걸렸거든요.

"집에서 꼼짝 말고 책 읽어라."

엄마는 그렇게 말씀하시고 할머니 댁으로 가셨어요. 저도 따라가고 싶은데 감기 때문에 안 된대요.

할 수 없이 책을 읽었어요. 제목은 왕자와 거지였지요.

어느 왕궁에 왕자가 한 명 태어났어요. 왕자는 사람들의 환영을 받았습니다.

같은 무렵, 가난한 사람만 모여 사는 마을에 '캔티'라는 사내 아이가 태어났어요. 하지만 그 애는 왕자님처럼 환영을 받지 못했습니다.

참 이상해요. 아기들은 다 예쁜데 왜 왕자님은 귀염을 받고 거지로 태어난 캔티는 미움을 받았을까요?

아기들은 다 똑같이 귀여워요. 우리 윗집의 아이도 참 귀엽거든요. 만약에 그 애가 가난한 집에서 태어났다면 캔티처럼 미움을 받았을까요?

그런데 신기한 일이 생겼어요. 왕자님과 캔티의 얼굴이 너무도 똑같은 거예요. 그래서 사건이 터지기 시작했어요.

개구쟁이 왕자님이 캔티에게 서로 옷을 바꿔 입자고 했거든요.

아마도 왕자님은 불쌍한 캔티에게 며칠이라도 행복한 왕궁 생활을 해 보게 하고 싶었을 거예요. 그리고 자기도 왕궁 밖의 생활이 궁금했을 거구요.

누구나 자기가 사는 집이 싫을 때가 있나 봐요. 그러니까 왕자는 거지한테 옷을 바꿔 입자고 했지요.

그런데 왕자님은 자기가 얼마나 심각한 장난을 한 것인지 깨닫기 시작했어요. 거지였던 캔티가 자기가 진짜 왕자라고 거짓말을 했거든요.

"내가 진짜 왕자란 말예요!"

1. 독서 감상문이란 어떤 글일까요?

아무리 말해도 믿지 않았어요. 신하도 캔티의 친구들도 믿지 않았습니다.

아무리 쌍둥이라도 다른 점이 있는데 이상했어요. 제 친구 중에 쌍둥이가 있는데 처음에는 정말 누가 형인지 알 수가 없었어요. 하지만 자꾸 보니까 멀리서도 금방 알 수가 있었습니다.

왕자 부모님이나 캔티 부모님은 자기 자식을 자세히 보지 않았나 봐요.

진짜 왕자는 자기가 왕자라는 것을 밝히기 위해 정말 노력을 많이 했어요. 정말 답답했을 것 같아요. 왕이 돌아가셨기 때문에 정해진 시간까지 궁전으로 들어가지 못하면 영원히 캔티가 왕이 되어야 하니까요.

왕자는 아마 후회를 많이 했을 거예요. 괜히 장난을 했구나, 생각했을 것입니다. 저도 장난을 쳤다가 엄마한테 혼난 적이 많았어요. 하지만 왕자나 캔티처럼 사는 집을 바꾸는 장난은 하지 않을 것 같아요. 그러면 부모님도 못 만나고 동생도 못 만나잖아요.

진짜 왕자는 너무 너그러웠어요. 모든 것이 다 밝혀진 뒤에도 캔티를 미워하지 않았거든요.

 캔티도 착했어요. 자신이 거짓말을 했다고 솔직히 말하고 왕관을 돌려 주었으니까요.

 아마 그 왕자님이 계시는 나라는 굉장히 행복했을 거예요. 어려운 생활을 해 보았기 때문에 가난한 사람도 많이 도와 주고 캔티 같은 아이들도 많이 보살펴 주었을 겁니다.

 왕자처럼 어떤 어려운 일을 당해도 놀라지 않고 너그럽게 행동하면 모든 것이 해결된다는 것을 알았습니다.

예문

세상에서 가장 행복한 개
― 《말을 할 줄 아는 스피크》를 읽고

3학년 유별라

 세상에는 신기한 일이 아주 많습니다. 죽었던 사람이 다시 태어나기도 하고, 사람이 거미처럼 건물을 타고 다니기도 하고, 나이가 서른이 넘었는데도 아직도 어린 아이 같은 사람도 있고…….

《말을 할 줄 아는 스피크》.

이 책의 주인공인 스피크도 신기한 재주를 가지고 있습니다. 말을 할 줄 아는 것이지요.

강아지가 말을 한다는 것이 너무 신기했습니다. 간혹 말할 줄 아는 앵무새는 보았지만 개가 말을 하는 것은 보지 못했거든요.

스피크는 서커스단에서 태어났습니다. 아마 그 개가 태어난 곳이 그렇기 때문에 다른 개들하고 차이가 있었나 봅니다.

도일이라는 사람 덕분에 말을 배웠지만 그것은 결코 행복한 일이 아니었습니다. 돈에 눈이 먼 어른들이 스피크를 가만두지 않았으니까요.

스피크는 자신이 인간들에게 이용당하고 있다는 것을 알았습니다. 그래서 어느 날부터 절대 입을 열지 않았지요.

그런 스피크가 고집스러워 보이기는 했지만 자기 뜻을 굽히지 않는 점은 대견스러웠습니다.

저는 고집이 별로 없는 편입니다. 뭘 하려고 마음먹었다가도 다른 것이 더 나은 것 같으면 얼른 바꿉니다. 엄마는 그러면 안 된다고 하십니다. 무슨 일이든 마음먹었으면 끝까지 해야 된다구요. 그런데 마음이 약해서 잘 안 됩니다.

화가 난 도일은 스피크를 떠돌이 땜장이 티머시에게 주었습니다. 화가 나니까 세상에서 가장 귀한 보물도 남에게 주어 버린 것입니다.

나는 도대체 어른들의 속마음을 모르겠다는 생각을 했습니다. 자유롭게 살 수 있는 동물들을 끌고 와서 서커스단에 부려먹고, 말을 안 들으면 죽이기까지 하다니…….

나한테 말할 줄 아는 개가 있다면 큰 돈을 벌 수 있을 거라는 생각을 해 보았습니다. 그런데 스피크 생각을 하니까 그런 생각이 싫어졌습니다. 어른들이 말하는 개를 가만두지 않을 것 같았거든요.

티머시와 스피크는 서로 친구가 되어 자유로운 생활을 할 수 있었습니다.

스피크는 고집이 셌지만 인정이 많았어요. 티머시 형님인 마이클 수사가 있는 수도원을 돕기 위하여 돈을 벌기로 했거든요.

　사람도 아닌 스피크의 용기가 놀라웠습니다. 자기를 이용만 한 인간들을 위해 열심히 노력하고 최선을 다하는 모습이 정말 아름다웠습니다.

　스피크는 노래를 불러서 돈을 벌었습니다. 개가 노래를 한다는 사실이 신문에 실려 스피크는 아주 유명하게 되었습니다. 그런데 그게 또 말썽이 되었습니다. 스피크는 납치를 당하고 맙니다. 그래서 영국으로 가게 되었습니다.

　사람들은 스피크를 무대에 올려 놓고 노래를 시켰지만 스피크는 고집을 꺾지 않았어요. 옛날처럼 멍멍 짖어 댈 뿐인 개를 보고 사람들은 실망해 버리고 말았습니다.

　저는 이 책을 읽으면서 인간이 얼마나 어리석은지를 알았어요. 자기 욕심을 채우기 위해서라면 뭐든지 다 탐을 내는 것이 얼마나 바보 같은지 스피크를 보고 깨달았으면 좋겠어요.

　티머시와 스피크는 갈 데 없는 고아들을 위하여 많은 노력을 했습니다. 불쌍한 고아들을 위하여 애쓰는 둘의 마음씨가 너무도 아름다웠습니다.

 나는 이 이야기를 읽으면서 스피크와 티머시처럼 아름다운 마음씨를 갖고, 남을 위해 봉사하는 어린이가 되어야겠다고 생각했습니다.

예문

달이 되고 싶은 박
— 《달과 박》을 읽고

3학년 이주희

책이 읽기 싫은데 엄마한테 야단을 맞고 할 수 없이 책상에 앉아 책을 읽었습니다. 아무 책이나 끄집어냈는데 《달과 박》이었습니다. 그런데 조금씩 재미있어져서 끝까지 읽었습니다.

초가 지붕에 박이 열렸어요. 박은 처음에 강낭콩만했는데 점점 자라서 달만큼 커다랗게 자랐습니다.

박은 매일 달을 보며 자랐습니다. 박은 정말 달이 되고 싶었지요.

"나도 달이 되었으면……."

저도 소원이 많습니다. 엄마가 야단을 안 쳤으면 좋겠고, 동생이 나를 괴롭히지 않았으면 좋겠고, 나중에 간호원이 될 수 있었으면 좋겠어요.

아마 박도 저처럼 매일 달을 보면서 소원을 빌었나 봐요.

달이 박을 봤을 때 굉장히 바보 같았을 거예요. 박이 달이 될 수 없는 것처럼 달도 박이 될 수 없잖아요.

달은 박에게 이야기를 하나 해 주었습니다.

어떤 소년이 있었는데 그 소년은 처음엔 성악가가 되고 싶었어요. 그런데 그림을 그리는 사람을 보면 화가가 되고 싶어졌답니다. 그렇지만 정작 그 소년은 훗날 동화 작가가 되었습니다.

소년은 글도 잘 쓰고 상상력도 풍부해서 그 쪽으로 재주가 있었던 것이지요.

만약에 그 소년이 자기 고집만 믿고 성악가가 되었거나 화가가 되었으면 어떻게 되었을까요? 아마 열심히 해도 잘 안 됐을 것입니다. 그리고 실망을 하여 또 다른 것을 하겠다고 했을지 모릅니다.

나도 그 소년처럼 꿈이 여러 가지입니다. 피아노도 잘 치고 싶고 그림도 잘 그렸으면 좋겠어요. 달이 들려 준 이야기 속의 그 소년처럼 무엇이든 잘 하고 싶어요. 그렇지만 솔직히 내가 무엇을 잘 하는지는 아직 모르겠습니다.

박은 달의 이야기를 듣고 마음을 바꾸었어요. 그래서 튼튼하고 알차게 익어 가는 박이 되겠다고 다짐을 했답니다.

나도 한 가지 알았습니다. 이제부터 남의 흉내만 내지 말고 내가 무엇을 잘 하는지 생각해 보겠다구요.

2 독서 감상문은 왜 쓸까요?

첫째, 읽은 책의 내용과 느낌을 다시 맛볼 수 있습니다

아무리 재미있는 책이라도 한 번에 모든 내용을 다 알아내기란 쉬운 일이 아닙니다.

그러나 다 읽은 후에 독서 감상문을 쓰게 되면 인상에 남은 일을 다시 한 번 맛볼 수 있기 때문에 좋은 기회가 될 수 있습니다.

둘째, 책에서 받은 감동을 오랫동안 기억할 수 있습니다

우리가 책을 읽고 도움을 얻는다는 것은 바로 감동을 받았다는 뜻입니다. 책을 읽고서 아무런 감동도 얻지 못한다면 헛수고를 한 것이 됩니다.

또한 아무리 큰 감동을 받았다고 해도 한 번의 독서로 끝난다면 그 감동은 오래 가지 못할 것입니다. 그러나 책을 읽고 곧바로 그 내용과 느낌을 적어 둔다면 그 책은 두고두고 기억에 남을 것입니다.

셋째, 생각의 폭이 넓어지고 책 읽은 보람을 느낄 수 있습니다

독서 감상문은 자기의 생각을 담아 놓는 보물 상자입니다. 동시, 동화, 일기, 생활문 모두 자기의 생각을 담는 것이지만 독서 감상문은 또 다른 글쓰기가 됩니다. 즉 쓸 대상이 또렷하기 때문에 더욱 더 적극적으로 생각하게 됩니다.

또한 책에 나오는 인물들을 거울 삼아 자신의 생활을 반성하게 되기 때문에 독서 감상문을 자주 쓰다 보면 자신도 모르는 사이에 생활이 밝아지고 생각도 긍정적이 됩니다.

넷째, 새로운 지식을 얻을 수 있는 기회가 됩니다

우리는 책을 통해 간접 경험을 많이 하게 됩니다. 그런 지식은 우리의 생활에 많은 보탬이 될 수도 있습니다. 하지만 그 모든 것을 다 기억할 수는 없습니다. 곧바로 잊어버리는 경우가 많습니다.

하지만 독서 감상문을 쓰다 보면 나름대로 생각하고 느끼는 동안 새로운 사실을 발견하게 됩니다. 바로 그 새로움이 자기 발전의 바탕이 되고 참지식이 되는 것입니다.

그렇기 때문에 책을 읽은 후에 반드시 독서 감상문을 쓰는 어린이는 먼 훗날 엄청난 지식을 얻게 됩니다.

3 바른 독서법은 왜 필요할까요?

바른 독서법을 모르고서는 올바른 독서 감상문을 쓸 수가 없습니다. 책마다 중시해야 할 부분이 다르기 때문입니다.

책의 종류에 따라 다음과 같은 독서 방법을 잘 알아 두면 독서 감상문을 쓸 때 많은 도움이 됩니다.

1. 위인전을 잘 읽는 법

위인전을 읽을 때는 다음과 같은 점을 유의하여 읽고 독서 감상문을 써야 합니다.

- 어느 시대의 사람이었나?
- 어린 시절에는 어떤 생활을 하였나?
- 어떤 생각과 행동을 하였나?
- 그가 남긴 업적은 무엇인가?
- 다른 사람들이 어떤 부분을 존경하였나?
- 우리가 본받을 점은 무엇인가?

그럼 이제부터 다른 친구가 쓴 독서 감상문을 읽어 보도록 하죠.

예문

남을 위해 뭔가를 한다는 것
— 《단군왕검》을 읽고

2학년 김추형

옛날부터 사람들이 살았을까. 항상 그게 궁금했어요. 성

경을 보면 하나님이 인간을 만들었다고 했어요.

하지만 우리 나라에 사람이 살기 시작한 것은 언제부터일까, 궁금했지요.

환웅은 하늘 아래 세상을 볼 때마다 늘 가슴이 아프고 안타까웠습니다. 인간들이 너무 어리석게 살고 있었기 때문이에요.

환웅의 마음을 알아챈 환인 임금님은 어느 날 환웅을 불렀습니다.

"사람들을 걱정하는 네 마음이 무척 기특하구나. 네 소원대로 세상에 내려가 사람들에게 널리 이로움을 주도록 하여라."

환웅은 바람을 다스리는 풍백과 비와 눈을 다스리는 우사, 그리고 구름을 다스리는 운사들을 데리고 세상으로 내려왔습니다. 사람들에게 널리 이로움과 지혜를 준 환웅은 그렇게 해서 이 땅으로 내려왔습니다.

나는 이런 대목을 읽으며 여러 가지를 생각했습니다. 착하게 살고 남을 위해 뭔가를 한다는 것이 얼마나 중요한 것인가를 깨달았습니다.

가끔 별 것 아닌 일에 욕심을 부릴 때가 있는 내가 참 부끄러웠습니다. 이제부터는 애들도 때리지 않고 부모님께도 효도를 해야겠다고 생각했습니다. 그래야만 어른이 되어서 남을 위해 뭔가를 할 수 있다고 여겨졌기 때문입니다.

예문

비폭력으로 폭력을 이긴 사람
— 《간디》를 읽고

4학년 이천금

자신의 한 몸을 완전하게 태워서 민족과 세계를 위해 봉사한 마하트마 간디.

어떻게 그런 사람이 세상에 태어날 수 있었는지, 또 그런 수난을 겪고 어떻게 견뎌 낼 수 있었는지. 만약 우리 나라에 그런 위대한 인물이 있었다면 지금의 사정은 어떻게 변했을까를 생각하게 하는 책이었다.

나는 책을 읽는 동안 숨이 찼다. 그렇게 많은 일들을 어떻게 혼자의 힘으로 해 낼 수 있었을까. 그것도 비폭력으로 말이다.

요즘 텔레비전에서 폭력을 휘두르는 장면을 자주 본다. 나쁜 사람은 자기 욕심을 차리기 위하여 무조건 폭력을 쓰고, 착한 사람은 나쁜 사람을 물리치기 위하여 폭력을 쓴

다. 그래서 텔레비전은 매일 전쟁터 같기만 하다. 이런 속에 만약 우리가 간디의 비폭력 정신을 이어 받는다면 우리 사회가 얼마나 밝고 명랑해질 수 있는지 생각하지 않을 수가 없었다.

하지만 궁금한 점도 있었다. 그렇게 간디를 존경하고 간디를 중심으로 똘똘 뭉친 인도 사람들이, 왜 종교 문제로 동족을 죽이고 마침내 간디의 가슴에 총을 겨누었는지 이해되지 않았다.

간디의 일생을 읽으면서 나는 우리 나라를 생각했다.

우리는 아직도 남과 북으로 갈라져 서로를 미워하고 있다.

왜 우리는 서로를 사랑할 수 없지? 서로를 용서하고 이해할 수는 없을까?

나는 간디와 같은 인물이 우리 나라에 나타나기를 간절히 바란다.

간디, 그는 영원히 내 가슴에 살아 있을 것이다.

예문

끊임없는 탐구 정신
— 《퀴리 부인》을 읽고

5학년 김호정

위인전을 두 권째 읽었다. 그 중 《퀴리 부인》이 가장 머릿속에 남는다. 지금까지 읽은 위인전 중에서 가장 인상 깊다.

마리아는 폴란드가 러시아의 지배를 받을 적에 태어났다. 그래서 심한 압박을 받으며 공부를 했다. 몰래 폴란드에 대해서 공부하다가 장학사가 오면 러시아 공부를 하는 척하는 설움을 겪기도 했다. 그래서 마리아는 어려서부터 조국 광복과 애국 정신을 키웠다.

그의 어머니는 일찍 돌아가셨다. 그녀는 파리에서 공부를 하면서 아주 검소하게 살았다. 목표를 향해 전진하는 그녀의 집념은 위대했다. 어떤 고난 앞에서도 그녀는 당당하게 굴었다. 그녀는 쉬지 않고 물리학 공부를 열심히 했다. 마

리아는 결혼을 해서도 끊임없이 연구를 했다.

탐구심! 본받아야 할 점이다. 뭐든지 호기심을 갖고 덤빈다면 새로운 것을 발견할 수 있다고 엄마는 자주 말씀하신다. 하지만 대충 하는 버릇 때문에 기초적인 것도 많이 놓치고 지나간다. 이 책을 읽으면서 내 단점이 무엇인지 알 수 있었다.

드디어 퀴리 부부는 라듐을 발견한다. 이것으로 노벨상도 받았다. 그러나 전세계를 뒤집는 일이 벌어졌다. 이 라듐이 원자 폭탄이 되어 집단 살인 무기가 될 줄은 아무도 몰랐던 것이다.

> 퀴리 부인의 굳센 의지와 탐구 정신이 부러웠고, 모든 과학은 선으로 이용될 때에만 제대로 빛을 발휘할 수 있다는 것을 다시 한 번 깨달았다.

2. 동화를 잘 읽는 법

동화를 읽을 때는 다음 사항에 유의하세요.

- 언제, 어디에서 일어난 이야기인가?
- 주인공의 성격은 어땠나?
- 주인공이 한 일은 무엇인가?
- 이야기의 줄거리는 어떻게 진행되었나?
- 주인공의 어떤 점이 감명 깊었나?
- 작품 중에서 무엇이 나에게 감동을 주었나?
- 가장 인상 깊었고 기억에 남는 장면은 무엇인가?

이런 점을 마음에 새기면서 다음 독서 감상문을 읽어 보도록 하겠습니다.

예문

말썽장이 원숭이
— 《손오공》을 읽고

2학년 최덕우

먼 옛날 중국 당나라에 원숭이가 사는 마을이 있었습니다. 그 곳에는 아주 큰 바위가 하나 있었습니다. 어느 날, 그 큰 바위에서 원숭이 한 마리가 나왔습니다. 그것은 바로 말썽장이 손오공이었습니다.

그런데 그 점이 나는 참 이상했습니다. 어떻게 손오공이 바위 속에 갇혀서 살았는지 이해가 되지 않았습니다. 나도 손오공처럼 말썽을 아주 잘 피웁니다. 그래서 어머니에게 야단을 맞고서 방에 꼼짝 않고 있을 때도 있습니다. 그러면 밖에서 노는 아이들 목소리 때문에 금방 답답해집니다. 그러다가 어느 순간 어머니의 야단도 잊고 몰래 방을 빠져나가 버립니다. 아마도 손오공도 바위에 갇혀 살면서 몹시 답답했을 겁니다.

손오공은 신령님께 무술을 배웠습니다. 손오공은 일흔세 가지 무술을 배웠습니다. 그 중에서 구름을 타고 씽씽 날아다니는 것이 가장 멋있었습니다. 나도 무술을 배울까, 라는 생각까지 했습니다. 무술을 배우면 어디든 구름 자가용을 타고 다니면 되니까요.

손오공은 어느 스님과 길을 떠납니다. 그 스님은 좋은 일을 하려고 어디를 가는 중이었습니다. 손오공은 이번에는 말썽을 피울 수가 없었습니다. 엉뚱한 일을 저지르면 부처님한테 혼나거든요.

길을 가다가 손오공은 자기만큼 말썽장이인 친구들을 만납니다. 바로 저팔계와 요즘 한창 유행인 사오정이 그들입니다. 손오공은 그들과 싸워 그들을 친구이자 부하로 만들었습니다.

네 사람은 길을 가면서 몹시 어려운 일을 여러 번 당합니다. 어느 때는 도깨비한테 홀려서 유리병에 갇히기도 합니다. 그 때마다 손오공은 도술을 부려 탈출을 합니다.

말썽장이인 줄만 알았던 손오공은 누구보다 용기도 많아서 아무리 어려워도 척척 헤쳐 나갈 수 있었습니다. 손오공의 용기로 네 사람은 천축국에 도착할 수 있었습니다.

만약에 손오공이 없었다면 그 스님은 절대 그 곳에 도착하지 못했을 겁니다.

나는 말썽을 부리다가 걸리면 어머니에게 꼭 야단을 맞습니다.

"맨날 말썽만 피우다가 나중에 뭐가 되려고 그래?"

어머니는 막 화를 내십니다. 그래서 나는 우리 어머니가 손오공을 읽어 보셨으면 좋겠습니다. 나는 그래도 손오공보다는 덜 말썽장이이니까요.

3. 그 외의 글을 잘 읽는 법

기타 여러 가지 책을 읽을 때에도 확인해야 하는 부분이 있습니다.

- 어떤 내용인가?
- 이 책을 읽고 새로 알게 된 사실은 무엇인가?
- 새롭게 알게 된 지식이 나에게, 사회에 어떤 영향을 줄 것인가?
- 내가 알고 있던 지식과 무슨 차이가 있으며 어떻게 연결시킬 것인가?

예문

아기는 왜 낳는 것일까
— 《우리 몸은 왜》를 읽고

1학년 이수정

아기는 왜 낳는 것일까? 그리고 왜 아기를 낳는지 그게

궁금했다.

　우리 집에 《우리 몸은 왜》라는 책이 있다. 나는 그 책을 펼쳐 보았다. 그 책에는 아기에 대해서 자세하게 나와 있었다.

　어른들은 아기가 배꼽으로 나온다고 했는데 사실은 그게 아니었다. 징그러워서 혼났다. 또 아기는 엄마 뱃속에 있으면서 배꼽으로 영양분을 섭취한다고 했는데 어떻게 배꼽으로 섭취를 할까? 그 점도 궁금했다.

　그 다음에는 금방 태어난 남자 아이의 사진이 나왔다. 갓 태어난 아기는 하나도 예쁘지 않았다. 징그러웠다. 하지만 웃기긴 했다. 그래서 마구 웃음이 나왔고 나중엔 배가 아팠다.

예문

동물들의 조상
— 《공룡 시대》를 읽고

2학년 최순우

공룡은 어떻게 살았을까? 과학자들이 공룡의 화석을 조사하고 관찰한 책을 본 적이 있습니다. 그 책에 공룡은 동물들의 조상이라고 나와 있었습니다.

그러면 우리 인간은 공룡하고 어떻게 될까?

공룡의 종류에는 여러 가지가 있습니다. 육식 공룡은 자기와 같은 공룡을 잡아먹었고, 초식 공룡은 풀이나 나뭇잎을 먹고 살았다고 합니다. 공룡의 이름도 여러 가지입니다. 티라노사우루스, 힐라리오사우루스, 시조새 등 참 많습니다.

티라노사우루스는 육식인데 발톱이 날카롭고, 힐라리오사우루스는 갑옷 같은 껍질로 무장한 공룡입니다. 시조새는 공룡이 다가오면 빠르게 도망을 칩니다.

아마도 티라노사우루스가 제일 싸움을 잘 할 것 같습니다.

하지만 지금은 공룡을 볼 수 없습니다. 모두 죽어 버렸고, 겨우 화석으로 남아 있습니다. 아마도 죽은 공룡들은 몹시 슬퍼할 것입니다. 자기가 대장이었는데 이제 한 마리도 없으니까요.

저는 생각했습니다. 어떻게 하면 죽은 공룡들이 슬퍼하지 않을까 하고요. 아마 공룡에 대해 많이 연구하고, 우리들이 친구들과 공룡 이야기를 많이 하면 하늘 나라에서 잘 살지도 모릅니다. 지금은 사라진 공룡들을 위해서 전 앞으로 공룡에 많은 관심을 갖기로 하였습니다.

> 예문

그래도 지구는 돈다
— 《사과 하나가 지구를 흔들었다》를 읽고

3학년 이유리

나는 타임머신을 타고 과학나라로 여행을 떠났다. 바로 《사과 하나가 지구를 흔들었다》라는 책에서였다.

아침에 여섯 시에 일어나야 된다는 다윗 말씀을 깜빡 잊은 이천이와 영실이는 늦잠을 자고 말았다. 나도 늦잠꾸러기인데 그 애들도 그런가 보다.

책 속의 주인공들은 타임머신을 타고 타임 숲 속으로 갔다. 그들은 갈릴레이가 살았던 세상으로 여행을 떠난다.

갈릴레이는 이탈리아에서 태어났다. 어려서부터 그는 물건 만들기를 즐겼고, 또 셈 공부도 잘 했다. 열한 살 때 그 곳 수도원 학교에 입학해 공부를 하면서 아리스토텔레스의 논리학에 불만을 품었다.

나는 논리학이라는 말을 잘 모른다. 그래서 왜 갈릴레이가 논리학에 불만을 가졌는지도 이해할 수 없었다.

그는 대학에 들어가 의학, 신학, 과학을 두루 공부했는데 신학보다는 수학과 과학에 관심이 많았다.

타임머신을 타고 갈릴레이가 사는 낡은 집에 도착할 때까지 이천이와 영실이처럼 나 역시 갈릴레이에 대한 궁금증을 다 풀지 못했다.

드디어 이천이와 영실이가 타임머신을 타고 갈릴레이를 만났다.

"갈릴레이 할아버지, 저희가 궁금한 것이 있는데 좀 알려 주세요."

"아니, 너희들이 어떻게 내 이름을 알고 있냐?"

"저희들은 할아버지를 잘 알아요."

갈릴레이 할아버지는 귀찮을 텐데도 궁금해 하는 것을 자세히 설명해 주셨다. 왜 지구가 둥글다고 말을 했는지에 대해서도 설명해 주었다.

내가 만약 그런 타임머신을 타고 먼 옛날 사람을 만날 수 있는 기회가 있다면 누구를 만날까?

나는 이순신 장군을 만나고 싶다. 그래서 우리 나라를 도

와 달라고 부탁하고 싶다. 그러면 이순신 장군은 당장 달려와 나라를 지켜 줄 것이다.

그 때 삐, 하는 신호음이 울렸다. 할아버지와 헤어질 시간이었다.

"할아버지, 안녕히 계세요."

섭섭했지만 타임머신이 떠날 시간이 다 되어 가고 있었다.

타임머신은 어느새 하늘 높이 떠올랐다.

그래도 지구는 돈다.

갈릴레이는 이 말을 남기고 세상을 떠났다. 하지만 그 한 마디는 영원히 사라지지 않을 중요한 진리가 되었다. 자기가 죽을지도 모른다는 생각을 하면서도 진리를 밝히려 들었던 갈릴레이의 정신이 위대해 보였다.

오늘 타임머신을 타고서 갈릴레이를 만나 여러 가지를 알게 되어 정말 기뻤다.

4 독서 감상문은 어떻게 써야 할까요?

1. 제목 정하기

우선 제목을 정해야 합니다.

독서 후에 느낀 소감이나 내용으로 독서 감상문을 쓰기 위한 자료를 모을 때 우선 제목을 정해야 합니다.

제목은 글의 내용에 따라 정하기도 하고, 감동을 받은 느낌에 따라 정하기도 합니다. 또 유명한 일화나 특별하게 기억에 남는 말을 제목으로 정하는 방법도 있습니다.

다음 독서 감상문의 제목은 어떤가요?

예문

쥐나라 임금님이 된 남영이
— 《시계탑 속에 들어간 임금님》을 읽고

5학년 황보혜

시계탑 속에 들어간 임금님. 제목부터 재미있어 보여 읽기 시작하였습니다.

'까르르' 하고 웃는 소리에 남영이는 잠에서 깼습니다. 그리고는 주위를 둘러보았습니다. 너무 깜깜해 아무 것도 보이지 않았습니다.

째각째각. 시계 소리만 들렸습니다. 그 때 시간은 한 시가 조금 안 되었습니다.

밤이 되면 모든 것이 다 잠듭니다. 그리고 깨어 있는 것들은 별로 없습니다. 밤을 좋아하는 것은 별로 없습니다. 저도 밤이 싫습니다. 하지만 쥐나라 백성인 쥐들은 그렇지 않습니다. 밤이 가장 신나는 시간입니다.

역시 천장에서 쥐들이 이야기를 하고 있었습니다. 아마

남영이가 잠든 줄 알았을 것입니다.

"우리 무슨 놀이 할래?"

"모두 즐겁게 놀자!"

"그럼 이번에는 달리기 놀이를 합시다."

쥐들이 찍찍거리며 달리는 소리가 들렸습니다. 남영이는 쥐들이 어떻게 노는지 보고 싶었습니다. 그래서 다락에 있는 고양이 탈을 쓰고 천장으로 들어가는 문 앞으로 기어갔습니다.

나 같으면 무서워서 못 들어갔을 텐데……

남영이의 용기를 본받아야겠다고 생각했습니다.

그리고 쥐들이 어떻게 노는지 보고 싶다는 생각도 했습니다. 우리가 아는 쥐들은 나쁜 일밖에 하지 않습니다. 나쁜 병균을 옮기고 음식이나 곡식을 먹어치우고.

그런 나쁜 쥐들과 친구를 하고 싶다고 생각한 남영의 배짱이 정말 부러웠습니다.

남영이는 고양이 탈을 쓰고 위로 올라갔습니다.

"고양이님, 한 번만 살려 주세요."

쥐들이 새파랗게 질려서 남영이에게 빌었습니다. 남영이

는 속으로 생각했습니다.

'햐! 내가 진짜 고양이인 줄 알고 있네!'

정말 쥐들은 남영이에게 충성을 다했습니다. 남영이는 쥐의 나라에서 왕이 된 것입니다.

꿈을 꾼 것은 아닐까, 생각했습니다. 정말로 남영이가 만난 쥐들이 말을 한다는 것도 믿어지지 않았고, 남영이를 고양이로 생각하는 쥐들도 너무 바보 같았습니다.

쥐들은 남영이의 부탁대로 시계탑에도 데리고 갑니다. 평소에 남영이는 시계가 어떻게 돌아가는지 알고 싶었거든요.

제가 만약 쥐나라 임금님이 된다면 저는 우주로 나를 데리고 가라고 부탁하고 싶어요. 쥐들이 내 부탁을 들어 줄지 모르지만.

남영이는 여기저기 실컷 돌아다니다가 다시 쥐 등에 올라타고서 집으로 돌아왔습니다.

그리고 아무 일도 없었던 것처럼 자리에 돌아와 가만히 누웠습니다. 힘든 일을 해 낸 탓인지 금세 잠이 들었습니다.

남영이는 정말 용기가 많은 친구입니다. 쥐가 무섭지도

않았고 밤중에 돌아다녀도 아무렇지 않았으니까요.

뭐든지 무서워하지 않고 용기를 갖고 있으면 쥐하고도 친구가 될 수 있을까요? 그런 생각을 해 보았습니다.

예문

아기별의 친구는 누구일까?
— 《아기별 이야기》를 읽고

4학년 하예진

《아기별 이야기》는 정말 재미있는 동화입니다. 친구가 읽고 있어서 저도 빌려서 보게 되었습니다.

밤이 깊어서 산도, 들도, 초가집과 마을도 잠이 들었습니다. 그 무렵 깜박깜박 조는 하늘의 초록별들 중에서 아기별 하나가 어머니께 졸라 댑니다.

"엄마, 나 세상으로 내려가 보고 싶어요."

아기별은 자꾸 졸랐습니다.

"아가야, 세상에 내려가면 뭘 보려고 하니?"

엄마별의 질문에 아기별은 이렇게 대답했습니다.

"저요, 초가집에 사는 예쁜 소년을 보려구요."

"그럼 내려가거라. 동쪽 하늘이 밝아 오기 전에 빨리 와야 해."

"네, 동이 트기 전에 올게요."

땅 위에는 바람도 잔잔합니다. 아기별은 그 소년을 찾기 위해 어떤 마을로 갔습니다. 아기별은 초가집마다 돌아다니면서 살펴보았습니다.

한 어머니가 아기에게 젖을 물리고 있었습니다. 그 아기의 엄마는 젖을 빨고 있는 아기에게 노래를 불러 주었습니다.

그 아기는 엄마의 노래 소리를 들으며 잠이 들었습니다. 아름다운 풍경이었지만 그 아기는 아기별이 찾는 소년은 아니었습니다.

그래서 아기별은 그 옆의 초가집으로 갔습니다. 어떤 할아버지는 밤을 새워 짚신을 만들고 계셨습니다. 아기별은 할아버지를 한참 동안 바라보다가 시무룩해져서 다른 곳으로 갔습니다.

아기별은 길을 헤매고 다녔습니다. 그러나 찾는 그 아이는 어디에도 없었습니다.

너무도 안타까웠습니다. 아기별이 찾는 소년이 누굴까, 데려다 주고 싶었습니다. 그러면서 생각해 보았습니다. 아

기별이 찾고 있는 친구가 누구일까, 하고 말예요. 내 친구 중에 노래를 잘 하는 미애라는 아이가 있는데 혹시 그 애가 아닐까, 생각도 해 보았습니다.

아기별이 찾는 소년은 어느 날 밤, 하늘에서 내려다본 이름 모를 소년이었습니다.

그날 밤은 아기별이 처음 세상을 향해 눈을 떴던 밤이었습니다. 하늘 아래 아득히 먼 어느 곳에 창문으로 빨간 불빛이 비치는 초가집이 보였습니다. 그 초가집이 어찌나 아름다웠던지 꼭 그림을 보는 듯 싶었습니다. 집에서는 고운 노래 소리가 들리기도 하였습니다.

"누가 노래를 부를까?"

아기별은 꼭 알고 싶었습니다. 바로 그 때였습니다. 창문을 열더니 한 아이의 얼굴이 불쑥 나타났습니다.

"저 하늘의 반짝이는 별……."

그 아이는 노래 부르며 아기별을 보았습니다. 검은 머리, 하얀 얼굴, 바로 그 얼굴…….

아기별은 그 아이의 모습을 잊을 수 없었습니다. 그 때, 심술꾸러기 먹구름이 왔습니다.

그리고 며칠 동안 비가 내렸습니다. 비가 그치자 아기별은 그 아이를 찾아 나선 것입니다. 아무리 찾아 다녀도 별을 바라보며 노래 부르던 그 아이는 없었습니다.

아기별은 이 동네, 저 동네 돌다리를 건너고 산길을 넘어서 숲 사이로 헛걸음만 치면서 밤이 새도록 헤매는 것이었습니다.

여름 날, 어느 아침에 풀잎마다 이슬이 맺힌 것은요, 밤 사이에 아기별이 쏘다닌 발자국이랍니다.

그런데요, 내가 아기별이라면 괜히 돌아만 다니지 않고 하늘에서 그냥 놀고 있을 것 같습니다. 그리고 아기별처럼 헛걸음도 안 치고 그 아이를 찾는 것도 포기하고 그냥 잘 것 같아요.

왜냐하면요, 아기별처럼 집을 나가 밤새 돌아다니면 엄마가 걱정하잖아요. 그렇지만 아기별이 찾아다니는 그 아이가 누구일까, 저도 궁금합니다.

예문

착한 천사 아가씨들
— 《되찾은 미소》를 읽고

4학년 박설원

얼마 전에 친구하고 싸운 일이 있었습니다. 친구가 나한테 먼저 화를 냈거든요. 처음에는 참았는데 나중에는 말도 않고 집으로 돌아와 버렸습니다.

이 책의 선희도 저처럼 친구하고 싸우고 화를 내는 내용이었어요.

선희 엄마는 아까부터 안절부절 못 하고 있어요. 왜냐하면 귀여운 선희가 아직 유치원에서 돌아오지 않았기 때문이에요.

여느 날이면 벌써 집에 돌아와서,

"엄마, 저 유치원에서 다녀왔어요."

하고 깍듯이 인사하며 귀여운 미소를 지어 보이곤 했던 선희였거든요.

저도 저번에 학교에서 놀다가 늦게 돌아온 적이 있었어요. 엄마가 굉장히 찾았대요. 친구 집에도 가고 놀이터에도 가고 많이 찾아다니다가 지쳐 버리셨대요.

제가 집으로 들어가니까 엄마는 반가워서 소리를 꽥 지르셨어요. 아마 선희 엄마도 우리 엄마 마음 같았을 거예요.

엄마는 더 이상 기다릴 수 없어서 유치원에 가 보려고 합니다. 그 때 선희가 돌아왔어요.

"오, 선희 왔니?"

엄마는 반가워서 현관문까지 뛰어 나갑니다. 그런데 선희의 얼굴에 귀여운 미소가 없었어요.

유치원 다녀왔다는 인사도 안 하고 그 예쁜 미소도 짓지 않습니다.

자기 방에 들어가 고개를 숙인 채 엎드려 우는 것 같았어요.

"선희야, 오늘 무슨 일 있었니?"

"제일 친한 경옥이랑 싸웠어요."

사실 선희는 경옥이의 코피도 터뜨렸대요. 선희는 자기 마음이 편하지가 않았어요.

 엄마는 그 말을 듣고 가만히 계셨어요. 우리 엄마 같으면 뭐라고 했을까요?

 "왜 싸우고 다니니?"

하고 야단쳤을 거예요. 우리 엄마는 절대 친구들하고 싸우지 말라고 하시거든요.

 선희가 엄마 손을 잡고 일어났어요.

 "엄마 나, 경옥이한테 사과할래."

 "오냐! 정말 선희는 기특하구나."

엄마가 선희를 데리고 막 대문을 열 때였어요.

"선희야!"

"경옥아!"

바로 경옥이가 선희네 대문 앞에 서 있는 것이었어요. 두 아이는 놀라움에 서로 큰 소리로 이름을 불렀답니다.

경옥이 엄마랑 선희 엄마가 인사를 나누었어요. 경옥이도 선희랑 똑같은 생각을 했나 봐요.

학교에서 친구들끼리 싸우는 일이 많습니다. 그러면 며칠 동안 말도 안 하고 지내요. 그리고 괜히 잘못한 것도 없는데 잘못했다고 화만 내지요.

만약에 선희나 경옥이 같은 애들이 많다면 더 재미있는 우리 반이 될 것 같아요. 싸우고 나서도 금방 사과하고 다시 사이 좋게 놀 테니까요.

이제부터는 나도 두 사람처럼 친구와 다퉜어도 먼저 사과하겠어요.

제목은 글 전체의 내용을 대표하는 것입니다. 그러니까 독서 감상문의 내용을 대표할 수 있는 제목이 좋습니다. 또

한 남들이 쓴 비슷비슷한 제목보다는 자신만의 특색 있는 제목이 좋습니다.

다음 제목들은 이를 잘 설명해 줍니다.

- 흑인 노예를 해방시킨 위대한 대통령(《링컨》을 읽고)
- 사랑해, 신데렐라야(《신데렐라》를 읽고)
- 보아 뱀을 잘 그리는 아이(《어린 왕자》를 읽고)
- 내 죽음을 알리지 마라(《이순신 장군》을 읽고)

이제 실제적으로 몇 편의 독서 감상문을 제목과 내용을 연결시켜 읽어 보세요.

예문

동해물과 백두산이
— 《안익태》를 읽고

6학년 최성재

학교 숙제로 위인전을 읽고 독서 감상문 쓰기가 있었다.
"나는 세종 대왕을 쓸 거야."

"나는 링컨 대통령을 쓰겠어."

"나는 이순신 장군이 좋아."

친구들은 모두 자기가 좋아하는 위인에 대해 말했습니다. 저도 처음에는 뭘 쓸까, 고민했습니다. 그러다가 다른 친구들이 잘 읽지 않는 책을 고르기로 했습니다.

애국가를 작곡한 안익태.

책꽂이에서 그 책을 발견하고 한 장씩 읽어 가기 시작했습니다.

안익태는 1905년 평안남도 평양시에서 태어났습니다. 부모님은 여관을 하고 계셨기 때문에 가난하지는 않았습니다. 일곱 남매 중에서 셋째 아들로 태어났습니다.

일곱 남매나 된다니까 조금 놀라웠습니다. 나뿐 아니라 내 친구들도 거의 동생이 하나 있거나 형, 누나가 한 명 정도 있는 것이 전부였습니다. 내 짝은 외아들입니다.

그런데 일곱이나 된다니까 '우와!' 하는 소리가 저절로 나왔습니다. 그러면서 안익태가 어려서부터 음악에 재능을 보일 수 있는 환경에서 자라기는 했구나, 하는 생각도 들었습니다. 아무래도 형제가 많으면 노는 방법도 여러 가지가 될 것이고, 재능도 다 다를 테니까 말입니다.

역시 예감대로였습니다.

일본 도쿄에서 공부하던 큰형님이 여름 방학 때 첼로를 선물해 준 것이 안익태에게 큰 도움이 되었던 것이지요.

"익태야, 네가 그렇게도 갖고 싶어한 악기야. 잘 해 봐."

형은 어린 익태에게 진심으로 용기를 주었습니다.

그 날부터 안익태는 첼로 켜기에 정신이 팔려 밥 먹는 것, 잠자는 것도 잊었습니다. 손가락 끝에 굳은살이 박이고 왼쪽 어깨뼈가 휘어질 정도가 되었지만 안익태는 멈추지 않았습니다.

첼로를 켜면서 음악 세계에 대한 꿈을 키워 갔던 것입니다.

"얘야, 첼로도 좋지만 가벼운 운동도 해야 한다. 책도 많이 읽어야 하고."

어머니가 걱정을 했지만 첼로는 안익태 손에서 떠날 줄을 몰랐습니다.

'세 살 버릇 여든까지 간다.'는 속담이 있습니다. 또 '될성부른 나무는 떡잎부터 알아본다.'는 말도 있구요.

그 말이 떠올랐습니다. 사람은 다 같이 태어납니다. 하지만 자라면서 다 같은 사람이 될 수는 없습니다. 각자 다르게 살아갑니다.

어떤 사람은 형편없이 살기도 하고, 어떤 사람은 위대한 인물로 존경받으면서 살아갑니다. 그렇게 나뉘어지는 데는 분명한 이유가 있다는 것을 깨달았습니다. 늘 노력하고 항상 최선을 다하는 사람은 언젠가는 남에게 인정을 받게 되지만 귀찮다고 꾀를 부리고 내 할 일을 남에게 미루는 사람은 절대 존경을 받을 수가 없는 사람이 됩니다.

"모든 일에 최선을 다해라."

우리 엄마는 귀가 아프도록 그 말씀을 하십니다. 항상 못 들은 척 했는데 이제부터는 행동으로 옮겨야겠다는 생각을 하며 다음 장을 넘겼습니다.

안익태는 형을 따라 다양한 연주회를 다닐 기회가 많았습니다.

"역시 좋은 노래는 감동을 안겨 준단 말이야. 나도 온 국민이 영원히 즐겨 부를 노래를 만들어야지."

안익태는 속으로 다짐했습니다.

환경이 얼마나 중요한 것인지 잘 알 수 있었습니다. 만약에 그런 좋은 환경이 없었다면 안익태는 과연 위대한 음악가가 되었을까?

안익태는 일본으로 건너가 음악 학교에 입학해 더 열심히 첼로를 공부하였습니다. 그리고 더 큰 꿈을 떨치기 위해 태평양을 건너 미국 필라델피아 커티스 음악 학교를 거쳐 신시내티 음악 학교에서 작곡을 공부하였습니다.

안익태는 절대 자신의 능력에 만족하지 않았습니다. 그래서 이렇듯 끊임없이 공부를 했던 것입니다.

"작곡 공부를 하려면 작곡의 본고장인 유럽으로 건너가야 해."

그렇게 생각하고 안익태는 다시 음악의 도시인 오스트리아의 빈으로 갑니다. 그 곳에서 20세기 최대의 작곡가인 리하르트 시트라우스 선생을 만납니다.

역시 뭐든 찾으려고 하는 사람에게는 그 기회가 찾아오게 마련인가 봅니다. 안익태가 타고난 천재 음악가라고 해도 동네에서 첼로나 켜고 있었다면 과연 세계적인 음악가가 되었을까, 궁금했습니다.

시트라우스 선생은 안익태의 뛰어난 음악적 감각과 노력에 깊이 감탄했습니다. 그래서 교향악단 지휘를 맡겼습니다.

"명 지휘자로 이름을 떨치시오."

"최선을 다하겠습니다."

안익태는 선생에게 깊이 감사를 드렸습니다. 그리고 그 감사함을 몸소 행동으로 보였습니다.

안익태는 오스트리아는 물론 유럽 교향악단 무대에서 명성을 떨치기 시작했습니다. 모두 안익태를 존경했습니다. 하지만 안익태는 거기에서 만족하지 않았습니다.

"애국가를 새로 고쳐야 해."

항상 그 생각만 했습니다. 그 때 우리 나라 애국가는 영국 민요에 가사를 붙여 부르는 것이었습니다.

저는 거기까지 읽다 말고 깜짝 놀랐습니다. 우리의 본래 애국가가 영국 민요였다니, 믿을 수가 없었습니다.

안익태는 고치고 또 고쳐서 드디어 4분의 4박자의 애국가를 만들었습니다. 그렇게 해서 우리의 애국가가 세상에 나온 것입니다.

만약 안익태가 자기만 행복하게 살겠다고 생각했다면 그렇게 고생해서 애국가를 만들지 않았을 것입니다. 비록 몸은 멀리 타국에 있지만 늘 고국을 사랑하는 마음이 있었기 때문에 그런 위대한 작곡을 해 낸 것입니다.

항상 무슨 일이든 나부터 생각하는 내 버릇을 다시 한 번 반성하였습니다. 엊그제도 친구가 모르는 수학 문제가 있다고 전화로 물어왔는데 저는 바쁘다며 거절을 했습니다. 다음 날이 수학 시험인데 저는 그 친구한테 지기 싫었기 때문이지요. 친구야, 미안해…….

안익태의 위대한 점은 그것만이 아니었습니다. 세계적인 지휘자로 명성을 떨치면서 한 번도 한국인이라는 것을 잊지 않았습니다. 여러 나라의 200여 교향악단을 지휘하는 명지휘자가 된 후에 안익태는 늘 한 가지 몸소 실천하는 것이 있었습니다. 그것은 언제나 첫머리에 그가 작곡한 〈코리아 환상곡〉을 지휘한 것입니다.

그는 그렇게 조국을 세상에 알리는 데 최선을 다했습니다.

지금까지 읽어 왔던 많은 위인전 생각이 났습니다. 세종 대왕, 유관순, 이순신, 링컨, 에디슨…….

모두 같은 점이 있다면 끊임없이 노력하고 최선을 다했다는 점입니다. 그리고 어려서부터 위인이 될 수 있는 준비를 갖추고 있었다는 사실입니다.

그럼 나는 뭘까.

그런 생각을 하지 않을 수가 없었습니다. 먼 훗날 나는 무엇을 하고 있을까, 생각도 해 보았고요.

아무 것도 알 수는 없습니다. 하지만 지금부터라도 주어진 일에 최선을 다한다면 나중에 후회하지 않는 사람이 될 것입니다.

예 문

하늘소의 첫사랑
— 《손에 손잡고》를 읽고

6학년 유꽃님

 손에 손잡고. 이종은 선생님이 쓴 동화책을 손에 든 순간 나는 고개를 갸우뚱했다. 손에 손잡고? 그것은 88 올림픽 노래이기 때문이다.
 "웃기네."
 그렇게 중얼거리면서 책을 넘겼다.
 처음에는 시골에서 하늘소라는 아이가 친구들과 함께 들판을 뛰어다니거나 개구쟁이 짓을 하면서 노는 장면이었다.
 나는 시골에서 자라지 않았기 때문에 좀 낯설었다. 도시에 사는 아이들은 거의 집 밖에 나가서 노는 일이 드물다. 학원에 가야 하고, 공부를 하느라 거의 놀지를 못한다. 방학 동안에도 마찬가지이다.
 그런데 하늘소는 아니었다. 방학이니까 더 많이 놀고 더 많이 돌아다닌다. 그 점이 너무 부러웠다.

어느 날이었다. 하늘소 집에 손님이 찾아왔다. 들레라는 여자 아이였다.

하늘소 아버지는 허리가 아파 더 이상 농사일을 할 수가 없어 서울에 올라가 병원에 취직을 했다. 그러니까 들레는 그 병원의 의사 선생님 딸이었다.

"너무 몸이 약해서 쉬러 왔단다."

어머니는 그렇게 말하고 사이 좋게 놀라고 당부하셨다. 그런데 하늘소의 친구 영아가 들레를 싫어하였다. 아마 하늘소를 좋아하는데 들레가 끼어드는 것 같았나 보다.

하늘소는 들레한테 정말 잘 했다. 몸이 약한 그 애를 위해 뭐든지 해 주려고 노력했다. 아마 그렇게 하면서 하늘소 마음에 첫사랑이 싹트지 않았을까 싶다. 행동 하나 하나가 정말 다정하고 티없이 맑은 하늘소였다.

몸이 약한 들레를 위해 구렁이를 잡아끌고 왔다가 소동을 일으킬 때, 엄마한테 혼나고 호박을 들고서 벌을 설 때 나도 킥킥거리며 웃었다. 정말 엉뚱한 아이이다.

들레가 서울로 올라가기 전날, 그 날 밤 하늘소는 들레를

위해 나무 위에 올라간다. 들레가 새 둥지를 갖고 싶다고 했기 때문이었다.

그러나 하늘소는 다리가 미끄러져 나무 꼭대기에서 떨어지고 만다.

"으악!"

비명 소리가 내 귀에까지 들리는 것 같았다.

그 사고로 하늘소는 다리를 심하게 다쳤다. 그리고 서울로 올라가는 들레를 따라 하늘소도 서울로 옮겨가게 되었다. 서울에서 치료를 받기 위해서였다.

서울로 올라간 하늘소는 서서히 바뀌기 시작했다. 공연한 일에도 화를 내고 뭐든지 제멋대로였다. 아마도 고향을 떠났다는 슬픔을 그렇게 표현했나 보다.

"하늘소야, 용기를 내."

나는 조용히 중얼거렸다. 고향이 그리워서 힘들어하는 하늘소가 너무도 불쌍했기 때문이다. 나는 시골서 자라지는 않았지만 하늘소의 마음을 충분히 이해할 것 같았다.

혼자서 목발을 짚고 서울역까지 간 일, 그리고 역무원 아저씨 도움으로 가족을 만나 다시 집으로 돌아온 일. 모두 이해할 수 있었다.

하지만 이제 옛날의 용기 있는 하늘소가 아니었다. 들레가 선물로 사 준 야구 방망이와 글러브를 나쁜 애들이 협박하니까 얼른 줘 버린다.

그런 모습에 들레는 너무도 실망했다.

"이건 네가 나에게 주려고 했던 선물이야."

들레는 그 때까지 숨기고 있었던 물건 하나를 하늘소에게 보여 주었다. 그것은 하늘소가 들레에게 선물로 주려 했던 새 둥지였다.

하늘소는 혼자 슬픔에 잠긴다.

이튿날이었다. 들레와 같이 학교에 가려고 했지만 들레는 이미 집을 나간 뒤였다. 학교에 도착하니 아무도 없었다. 하늘소는 들레와 같이 가고는 했던 공원으로 가 보았지만 거기에도 들레는 없었다.

할 수 없이 학교로 돌아온 하늘소는 깜짝 놀란다. 반 친구들이 자신에게 값진 선물을 준 것이다. 그것은 바로 시골에 사는 돌이와 영아, 그리고 옛날 이야기를 곧잘 해 주시던 할머니까지 초청해서 오늘 서울역에 도착한다는 것이었다.

그리고 시골에서 다녔던 학교 아이들과 자매 결연을 맺는다는 말도 해 주었다.

"고마워……."

나는 마치 내가 하늘소인 것처럼 그렇게 말했다. 정말 가슴이 후련했다. 마치 답답한 하늘소의 가슴이 나한테 고스란히 전염된 것처럼 답답했는데 속이 다 후련했다.

이제 하늘소는 더 이상 방황하지 않을 것이다. 그리고 친구들과도 잘 어울릴 것이다.

내가 이 책을 읽고 난 후에 느낀 점은 여러 가지였다. 고향을 떠난다는 것이 어린 마음에 얼마나 힘들었을까, 하는 마음과 또 한 가지는 시골 소년과 서울 소녀의 아름다운 우정이었다. 그리고 '손에 손잡고'라는 제목의 깊은 뜻을 이해할 수 있었다.

여러 권의 동화를 읽었지만 이 책처럼 오래 생각을 하게 하는 책은 없었다. 이제부터는 이런 종류의 책을 많이 골라서 읽어야겠다는 생각도 했다.

오래오래 기억될 작품이었다.

2. 내용 파악하기

제목을 정했으면 책의 전체적인 내용을 메모하여야 합니다.

독서 감상문을 쓰려면 우선 책의 내용을 충분히 이해할 수 있어야 합니다. 한 권의 책을 읽고 나면 우리 머릿속에는 전체적인 그림이 그려집니다. 중요하고 감명 깊었던 내용일수록 더 뚜렷하게 떠오릅니다.

메모할 때에 전체 줄거리를 모두 쓸 필요는 없습니다. 가장 감명 깊었던 장면들만 메모하는 것이 좋습니다. 또한 지은이, 읽게 된 동기 등도 함께 메모하도록 합니다.

예문

포기한 과학자의 꿈
— 〈황금 머리를 가진 아이〉를 읽고

4학년 이은경

독서를 한 후에 감상문을 쓰는 숙제가 있었다. 나는 〈황금 머리를 가진 아이)를 골라 읽었다. 고전 읽기에 나오는 동화였다.

옛날 어느 마을에 머리가 무거운 아이가 있었다. 머리가 너무 무거워서 걷기도 힘들 지경이었다. 그러다가 어느 날 길거리에서 넘어져 버렸다.

그런데 놀라운 일이 벌어졌다. 깨진 그 아이의 머리에서 황금이 나온 것이다.

"꼭 필요할 때만 꺼내 써라."

그 애의 어머니는 그렇게 타일렀다.

만약에 내 머릿속에 그런 황금이 들어 있다면 어떻게 될까, 생각해 보았다. 아마 아이들한테 자랑을 했을 것이고, 아이들은 내 말을 믿지 않았을 것이다. 무엇보다 나쁜 사람이 나를 해칠지도 모르니까 그건 좋은 일이 못 되는 것 같기도 하다.

아이는 커서 어른이 되었다. 과학자가 되기 위해 공부를 했다.

매일 먹을 것이 부족했다. 그런데 열심히 노력해서 먹을 것을 해결할 생각을 하지 않았다. 대신 머릿속에 있는 금을 꺼내서 식량을 샀다.

어느 날 그 사람의 머리에는 황금이 다섯 개밖에 남아 있지 않았다. 아깝다는 생각을 하면서도 매일 놀기만 하였고, 드디어 두 개만 남았을 때부터 그 사람은 머리가 조금씩 아파 옴을 느꼈다.

더 이상 금을 꺼내지 못하게 된 그 사람은 돈이 없었기 때문에 과학자의 꿈을 포기해야만 했다.

그 사람한테는 처음부터 황금이 없었다면 절대로 과학자의 꿈을 포기하지 않을 것 같았다. 오히려 더 열심히 노력해서 뛰어난 과학자가 되었을지도 모른다.

돈도 떨어지고 과학자가 되기를 포기한 그 사람은 매일 술만 마셨다. 술을 마시다 지치면 잠이 들었고 깨어나면 다시 술을 마셨다. 그 사람의 머릿속에는 황금 대신 술만 가득 차게 되었다.

나중에서야 그 사람은 세상을 살기가 얼마나 어려운 일인가를 깨달았다.

하지만 이미 모든 것은 늦은 뒤였다. 그는 길거리에서 쓰러지고 말았다.

남의 도움을 받고 무슨 일을 했을 때는 금방 실패하고 만다는 것을 깨달았다. 또 그 사람이 황금을 꺼내 쓸 생각을 하지 않고 열심히 일했다면 그렇게 불행하지 않았을 텐데 안타까웠다.

예 문

몽고군에게 끌려간 아이
— 《찔레꽃 소녀》를 읽고

4학년 이재현

전래 동화책이 눈에 띄었다. 심심했던 중이라 읽어 보았다.

옛날에 찔레라는 소녀가 살았다. 그런데 어느 날 몽고군이 우리 나라에 쳐들어와서 예쁜 여자를 데리고 갔다. 그렇게 끌려간 여자들은 돌아올 수 없었다.

왜 여자들을 끌고 갔을지 궁금했다. 아마도 데려다가 식모로 부려먹으려고 그랬을 것이다.

나라에 힘이 없으면 가엾은 백성들이 피해를 본다는 말이 맞았다. 만약에 우리 나라에 힘이 많았다면 죄 없는 여자들이 몽고군에게 절대 끌려가지 않았을 것이다.

찔레라는 소녀도 몽고군에게 끌려갔다. 다행히 끌려간 찔레는 마음씨 좋은 주인을 만났다. 그 주인은 부모님을 오시게 해서 같이 살라고 했다. 그리고는 하인을 시켜 찔레의 고향을 찾아가 부모님을 모시고 오라고 했다.

 그런 말을 들었을 때 찔레의 마음은 너무 기뻤다. 하지만 금방 그 기분이 사라지고 말았다. 고향으로 갔던 하인이 돌아와 집이 불타 버리고 아무도 만나지 못했다고 말했기 때문이었다.

 내가 만약 찔레였다면 어떻게 했을까? 생각만 해도 끔찍했다. 부모님과 헤어져야 한다는 것도 슬프지만 죄없이 끌려가서 당해야 할 고통이 더 무섭기만 했다.

 만약 내가 찔레였다고 해도 부모님과 형제, 그리고 선생님과 친구들이 그리워 매일 울었을 것이다.

 찔레는 슬퍼 매일 울기만 했다. 밥도 안 먹고 아무도 만나지 않았다. 그래서 주인은 찔레에게 직접 고향을 다녀오라고 시켰다.

 당장 고향을 찾아 나선 찔레는 하인의 말이 거짓말이기를 바랐을 것이다. 하지만 고향에 갔을 때 찔레는 정말로 불탄 집을 보고 말았다.

 나는 그런 찔레의 슬픔을 조금은 알 것 같지만 실감은 되

지 않았다.

　가끔 학교에서 돌아오면 어머니가 안 계실 때가 있다. 어머니가 집에 안 계시다는 이유만으로 굉장히 화가 나고 슬프다는 생각까지 드는데…….

　너무 슬픈 찔레는 죽은 듯이 계속 누워 있기만 했다. 그러다가 진짜로 죽고 말았다. 그 뒤 찔레가 죽은 자리에 꽃이 한 송이 피었다. 바로 찔레꽃이었다. 그 예쁜 소녀가 찔레꽃이 된 것이다.

그 애가 살아 있었더라면 어땠을까. 그리고 몽고군에게 끌려가지만 않았다면 어떻게 됐을까.

아마도 예쁜 처녀가 되어 시집을 가서 아기 낳고 잘 살았을 것이다. 하지만 찔레는 죽지 않았다. 찔레꽃으로 다시 태어났으니까 말이다.

예문

누가 잘못했나?
— 〈자전거 도둑〉을 읽고

4학년 심소영

제목부터 신기한 책이었다. 저절로 펼쳐 보게 하는 제목이어서 망설이지 않고 읽기 시작했다.

그 중에서도 〈자전거 도둑〉이라는 내용이 재미있었다.

어느 마을에 가난한 아이 한 명이 있었다. 그 아이는 어느 날 뜻하지 않게 자전거 한 대를 선물로 받는다. 그건 그 애의 생일 선물이었다.

아이들은 선물을 가장 좋아한다. 생일 때가 되면 올해는 무슨 선물을 받을 수 있을까 생각하느라 공부도 제대로 못한다. 그래서 선물의 고마움을 잘 모를 때도 있다. 당연한 줄 안다. 며칠 갖고 놀다 싫증이 나면 남에게 주거나 망가뜨려 버린다.

하지만 이 책의 주인공인 그 애는 안 그랬다. 그 선물이 너무도 소중하기만 했다.

그 아이는 너무 신이 나서 자전거를 타고 어디든 가고 싶어졌다. 그래서 공원으로 갔다. 너무 열심히 자전거를 탔기 때문에 나무 밑에서 잠시 쉬기로 했다.

몸집이 큰 아이가 다가온 것은 그 순간이었다. 그 아이는 눈 깜짝할 사이에 자전거를 끌고 달아나 버렸다. 자전거를 잃은 아이는 기를 쓰고 달려갔지만 씽씽 달리는 자전거를 사람의 걸음으로 잡을 수는 없었다.

결국 그 아이는 지쳐서 포기하고 말았다.

공원 옆에는 '소망 파출소'가 있었다. 아이는 그 곳으로 찾아가 자전거를 잃어버렸다며 경찰관 아저씨에게 찾아 달라고 부탁한다. 하지만 타고 달아난 자전거 도둑을 경찰관 아저씨가 금방 찾을 수 있을 거라는 기대는 하지 않았을 것이다.

그런데 너무 엉뚱한 사건이 다시 벌어진다. 두 시간 후, 어떤 아이가 자전거를 끌고 파출소를 찾아 온 것이다.

"아저씨, 이 자전거 주인 좀 찾아 주세요."

하도 어처구니가 없고 우스워서 나는 혼자 웃었다. 자전거를 끌고 온 아이는 아까 자전거를 훔쳐 간 바로 그 몸집 큰 아이였기 때문이다.

얼마나 배짱이 좋으면 남의 자전거를 훔치고, 그것도 모자라서 실컷 다 탄 뒤에 파출소로 끌고 올 생각을 할 수 있을까?

자전거를 되찾은 아이는 펄쩍펄쩍 뛰면서 기뻐한 거야 당연한 일일 것이다.

이 책을 다 읽고 나는 어리둥절해졌다. 과연 누가 잘못한 것일까. 이해가 빨리 되지 않았다.

물론 자전거를 잘 간수 못한 아이에게도 잘못이 있고, 또 그걸 훔쳐 간 몸집 큰 아이에게도 잘못이 있다. 비록 그 몸집 큰 애가 훔칠 생각이 전혀 없었고, 잠깐 타 보고 돌려 줄 생각이었다고 해도 잘못한 것은 분명하다.

3. 줄거리 정리하기

이야기의 내용을 파악했다면 이제 이야기의 줄거리를 간단히 줄여 씁니다. 그렇다고 읽은 책의 내용을 많이 써서는 안 됩니다. 되도록 이야기의 줄거리는 간단히 쓰고 거기에 따른 자신의 생각이나 느낌을 더욱 많이, 그리고 솔직하고 독창적으로 써야 합니다.

독서 감상문을 쓰기 전에 이야기 줄거리를 간단하게 줄여서 써 두면 실제로 감상문을 쓸 때 많은 도움이 됩니다.

이야기의 줄거리를 간단히 쓴 예를 보여 드리겠습니다.

- 이 책은 지구에 놀러 온 어린 왕자의 이야기입니다. 맑고 깨끗한 영혼을 지닌 어린 왕자를 주인공으로 해서 우리가 얼마나 많은 것을 잃고 사는지 깨닫게 해 주었습니다.

- 어머니가 일찍 죽고 계모 밑에서 온갖 천대를 다 받고 사는 신데렐라. 하지만 참으면 복이 온다는 말을 누구보다 가장 잘 알고 있었던 신데렐라.

💧 유태인이 얼마나 가엾게 살고 있었는지 안네는 일기를 통해서 세상에 알리고 있다. 만약 안네의 일기가 없었다면 우리는 독일인이 얼마나 잔인하게 인간을 죽이고 끔찍한 짓을 했는지 자세히 알 수 없었을 것이다.

4. 느낌 표현하기

그 다음은 책의 내용에 따른 나의 생각이나 느낌을 적어 봅니다.

책을 읽으면서 느낀 점을 메모하는 습관이 중요합니다. 느낌을 적을 때에는 기억나는 장면과 연결을 시켜 적습니다. 보통 가장 인상 깊었던 장면에서 감동을 받게 되는데 이 부분은 자세하게 쓰면 좋습니다.

자신의 생활과 주인공의 생활을 비교해서 쓰는 것도 좋습니다. 또 내 행동과 주인공의 행동을 비판해 보는 것도 좋은 감상문이 될 수 있습니다.

예문

바다는 숨쉰다

2학년 최순우

바다는 숨을 쉬고 있다. 책에서 나는 그런 글을 읽었다. 그리고 생각했다. 만약에 바다가 숨을 안 쉰다면 어떻게 될까, 하고. 그렇게 되면 물고기들은 모두 죽을 것이다. 염분이 점점 강해져서 바다는 완전히 소금 덩어리가 되어 버릴 것이다. 정말로 바다가 전부 소금이어서 꼭 바위처럼 소금이 쌓인 곳도 있다고 한다.

반대로 좋은 점도 있을 것 같다. 그것은 소금이 필요하면 바다로 가서 그냥 삽으로 퍼 오면 된다는 점이다. 그래도 나는 바다가 숨을 쉬지 않는 것이 싫다.

넓은 바다에서 수영을 하며 물장구도 치고, 또 형이랑 놀며 장난치는 일은 무엇보다 즐겁다. 바다가 죽어 버리면 우리는 그런 것들을 할 수가 없게 된다. 소금밭에서 놀 수는 없으니까.

 바다에서 고기를 잡으면 맛있게 먹는 것도 좋지만 몇 마리는 갖고 와서 그 고기들이 어떻게 생활하는지 관찰하고 싶어졌다. 또 언젠가 나는 아기 꽃게가 혼자서 기어 가는

것을 본 기억이 난다. 그 어린 꽃게가 어미 없이 어떻게 살아 갈지 궁금해 하면서 관찰하곤 했었다.

나는 그런 궁금증을 풀기 위해서 노력하고 싶다. 그러려면 공부를 좀 더 해야 된다. 그리고 또 있다. 내가 좋아하는 미술을 열심히 해서 바다를 멋있게 그려 보는 것이다.

낙지는 몸통을 잘라 버려도 계속 움직인다. 먹으려면 젓가락질을 아주 잘 해야 하고 꼭꼭 씹지 않으면 안 된다. 그걸 먹을 때마다 나는 바다가 참 신비하다는 생각을 하곤 했다.

어제 텔레비전에서 바다에 대한 퀴즈가 나왔다. 악마의 물고기가 나왔는데 그 괴물 같은 악마의 물고기는 이마에 지렁이 같은 것이 있어서 작은 고기가 오면 단숨에 먹어 치운다. 동작이 매우 빨랐다. 낙지에서부터 악마 물고기까지……. 바다의 생동감이 느껴졌다.

바다가 숨쉬는 것은 대단히 중요한 일이라는 것을 또 한 번 생각하게 되었다.

> 예 문

코끼리를 이긴 딱따구리

2학년 김재중

선생님께서 책을 읽어 주셨다. 〈코끼리를 이긴 딱따구리〉라는 내용이었다. 우리들은 떠들지 않고 선생님 말씀을 들었다.

내용은 이렇다. 참새 부부가 살았다. 그 부부에게는 며칠 있으면 예쁜 아기 참새가 태어난다. 그런데 마음씨 나쁜 코끼리가 둥우리가 얹힌 나무를 쓰러뜨렸다. 참새 부부는 간신히 도망쳤지만 알은 깨져 버렸다. 부부는 너무 슬퍼서 막 울고 말았다.

정말 슬플 것 같다고 나도 생각했다. 저번에 텔레비전에서 어떤 아줌마가 우는 것을 보았다. 아들이 사고로 죽었기 때문이라고 했다. 너무 슬프게 우니까 나도 저절로 눈물이 나왔다. 그리고 죽음이 무서운 것이라는 것을 알았다. 참새 부부가 얼마나 슬펐을지 알 것 같았다.

이웃에 사는 딱따구리가 왜 우느냐고 물었다. 새로 태어날 자신들의 새끼를 코끼리가 죽였다고 참새 부부는 울면서 말했다.

"울지 말아요. 내가 코끼리를 혼내 줄게요."

그냥 위로하는 소리인 줄 알았지만 참새 부부는 딱따구리를 지켜보았다.

딱따구리는 파리와 개구리를 불렀다. 그리고 파리에게 코끼리 귓속으로 들어가서 자장가를 부르게 했다.

코끼리는 참 미련한 것 같았다. 파리가 자장가를 부르자 정말로 잠이 들어 버렸던 것이다.

이번에는 딱따구리가 번개처럼 날아가 코끼리의 눈을 찍었다. 개구리는 옆에서 개굴개굴 울었다.

코끼리는 너무 눈이 아팠다. 너무 아파서 눈을 씻기 위해서 개구리가 우는 쪽으로 달려갔다. 개구리는 연못에서 사는 동물이기 때문이다.

그런데 딱따구리와 짠 개구리는 늪에서 울었다. 개구리 소리를 따라 갔다가 늪에 빠진 코끼리는 허우적거리다가 결국 죽고 말았다.

힘이 아무리 약해도 지혜롭게 행동하면 힘 센 상대를 얼마든지 이길 수 있다는 것을 알았다.

나는 친구들과 일부러 싸울 때가 많았다. 주로 나보다 힘이 약한 친구들과 싸운다. 다음부터는 약한 친구를 때리지 않을 것이다. 대신 어려운 일이 생기면 도와 줄 것이다.

예문

설렁탕 한 그릇
— 〈운수 좋은 날〉을 읽고

6학년 이열곤

이 책을 읽게 된 동기를 솔직하게 밝히겠다. 나도 이 책을 읽으면 혹시 운수가 좋아질까, 하는 기대로 책을 들었다. 우습겠지만 그런 작은 운수에라도 매달려 보고 싶은 것이 요즘 내 심정이다. 시험, 학원, 공부……. 얼마나 숨막히는지 당해 본 사람은 알 것이다.

이 책의 주인공은 김첨지다. 그는 가난한 인력거꾼이다. 시대 배경은 일제 시대이다.

이 작품의 작가인 현진건은 손기정 선수의 일장기 사건으로 유명한 사람이라는 것을 나중에 알았다. 그는 동아일보에서 일하고 있었고, 손기정 선수가 베를린 올림픽에서 금메달을 땄을 때, 그의 가슴에서 일장기를 지워 버리고 보도를 해서 옥살이를 하기도 했다 한다. 만약 그가 그 일장기를 지우는 용기를 내지 않았다면, 과연 우리는 지금만큼 손기정 선수의 금메달을 자랑스러워할 수 있을까.

열흘 간 한 푼도 벌지 못한 김첨지는 일을 나가기 전에 아픈 아내로부터 제발 나가지 말아 달라는 부탁을 받는다. 그의 아내는 설익은 음식을 먹고 탈이 나서 며칠 간 누워 있던 중이었다. 김첨지는 그런 아내에게 욕을 해 주고 나가 버린다.

운수가 좋은 날이 있게 마련이다. 그는 뜻하지 않게 손님을 계속 태우게 되었고 비가 오는데도 쉬지 않고 달렸다. 그러면서도 나 아프다고, 나가지 말라고 붙잡았던 아내의 얼굴이 자꾸 떠오른다.

일이 끝나고 김첨지는 친구들을 만나 술을 마신다. 술에 취한 김첨지는 친구들에게 자기 아내가 죽었다고 장난을 한다. 모두들 놀랐지만 김첨지는 껄껄 웃었다. 사람들은 김첨지가 장난을 하고 있다고 나무랐지만 내 생각에는 아니었다. 그는 정말로 아내가 죽었다는 예감을 강하게 받고 있었던 것이 아닐까.

그는 설렁탕 한 그릇을 사 들고 집으로 돌아온다. 그러나

아내는 이미 죽어 있었고 어린 자식은 아내의 빈 젖을 물고 잠들어 있었다.

"설렁탕을 왜 못 먹니. 오늘은 운수가 좋더니만……."

아내를 때리면서 욕설을 퍼붓는 김첨지의 목소리가 금방이라도 들릴 것 같았다. 얼마나 어려운 살림이었으면 조밥도 못 먹어 배가 고팠고, 설렁탕 한 그릇이 소원이었을까.

아내에게 설렁탕 한 그릇을 사 줄 수 있고, 배고파 보채는 자식에게 죽을 사 줄 수 있으면 부자라도 된 양 의기양

양한 김첨지의 모습은 옛날 우리 할아버지들이 겪었던 어려움이었을 것이다.

책을 덮고 한동안 깊은 생각에 빠졌다.

5. 소감 정리하기

이제 전체적인 느낌을 말할 차례입니다. 책을 다 읽은 후에 전체적으로 느낀 소감을 간단하게 적습니다.

다음 독서 감상문을 참고하세요.

예 문

아담과 하와

3학년 박동혁

옛날 옛날에 하느님밖에 아무도 없었을 때 하느님께서는 모든 것이 살 수 있게 하고 싶었습니다. 그래서 먼저 별과

우주, 달을 만드셨습니다. 그리고 동물을 만들고 흙을 빚어 사람을 만드셨습니다. 사람을 만드시고 하느님은 그를 아담이라고 이름 붙이셨습니다. 또한 아담이 외로울까봐 그가 잠자고 있을 때, 그의 갈비뼈 하나를 떼어 하와를 만드셨습니다.

신기하다고 생각했습니다. 사람의 갈비뼈를 떼어 내서 사람을 만들었잖아요. 학교에서 찰흙으로 사람을 만들 때가 있습니다. 그러면 친구들은 누구 닮았다고 말합니다. 저는 아빠 닮은 찰흙 인형을 제일 자주 만듭니다. 만약에 내가 만든 인형이 정말 살아난다면 어떻게 될까, 생각해 보았습니다.

하느님은 아담과 하와에게 모든 것을 주셨지만 한 가지는 허락하지 않으셨습니다. 선악과를 따 먹지 말라고 하신 것입니다.

그런데 며칠 뒤 뱀이 하와에게 말했습니다. 선악과를 먹으면 눈이 밝아져서 모든 일을 훤히 다 알게 된다고 했습니다.

그래서 하와는 선악과를 따 먹게 됩니다.

　하와는 그 선악과를 아담에게도 주었습니다. 아담도 할 수 없이 먹게 되었습니다.

　두 사람은 바보입니다. 맛이 있다고 먹었으니까 말예요. 하느님 말대로 안 먹었으면 정말 좋을 텐데, 바보들입니다.

　하느님이 아담을 보러 땅으로 내려와 아담을 찾았습니다. 아담은 자신이 아무 것도 안 입은 것을 알고 숨어 있었습니다. 하느님이 계속 찾자 아담이 할 수 없이 나와 하느님에게 말했습니다.

"창피해서 못 나갔습니다."

그러자 하느님이 물었습니다.

"선악과를 먹었느냐?"

"하와가 먹으라고 해서 먹었습니다."

바보. 자기가 먹었으면서 하와가 먹으라고 했다고 말하는 아담이 바보 같았습니다. 그냥 자기가 먹었다고 하면 용서해 줄지도 모르는데.

그러자 하와는 뱀이 먹으라고 해서 먹었다고 하였습니다.

하와도 바보입니다. 남의 탓을 하는 사람은 성공하지 못한다고 선생님이 말씀하셨습니다. 남의 잘못도 숨겨 줄 필요가 있다고 했습니다.

하느님은 화가 나서 천벌을 주었습니다. 매일 땀을 흘려야 하고, 죽으면 흙으로 돌아가게 했습니다. 뱀은 사람들이 미워하는 동물로 만들었습니다.

하와가 뱀의 꾀에 안 넘어갔으면 이런 일이 없었을 텐데, 뱀이 너무 미웠습니다. 그리고 아담이라도 안 먹었다면 심하게 벌을 받지는 않았을 텐데, 안타까웠습니다.

예문

첫눈을 선물해 준 천사

3학년 오은비

학교에서 돌아와 보니 엄마가 안 계셨습니다. 그래서 밥을 먹고 책을 읽었습니다. 저는 집에 혼자 있으면 무서우니까 재미있는 동화책을 읽습니다.

준호네 집은 고갯길 밑이었습니다. 심심할 때면 집 마루에 앉아서 고갯길을 바라보곤 하였습니다. 왜냐면 고갯길을 바라보면 심심하던 것이 금방 없어지기 때문이었지요.
어느 날 학교에서 돌아와 보니 집에 아무도 없었습니다.
"준호야, 밥 차려 놓고 간다. 밥 먹고 잘 놀아라. 이 돈으로 네가 먹고 싶은 것 사 먹고 공부도 해라."
준호가 방 문을 열었을 때, 어머니께서 써 놓으신 쪽지가 밥상 위에 놓여 있었습니다.
준호의 마음이 이해되었습니다. 아마 저처럼 무서웠을 것입니다. 엄마들은 왜 우리들이 학교에서 돌아올 때 외출을 하는지 모르겠습니다. 내가 엄마라면 절대 안 그럴 것입니다. 왜냐면 싫으니까요.

쪽지 옆에는 천 원짜리 한 장도 있었습니다.

준호는 옷을 갈아입고 밥을 먹은 후 공부를 시작했습니다. 그러나 너무 조용하니까 오히려 공부가 되지 않았습니다. 하기 싫은 생각도 나서 밖으로 나가 마루 위에 앉았습니다.

놀이터 쪽에서 아이들의 떠드는 소리가 간간이 들려왔습니다. 마루에 앉아도 심심하던 것이 없어지지 않았습니다.

"아휴, 심심해. 무슨 재미있는 놀이가 없을까?"

밖에서 놀고 싶어도 놀 수가 없었습니다. 왜냐면 어머니께서 집을 잘 지키고 있으라고 하셨으니까요.

트럭 한 대가 지나갔습니다. 고갯길을 다 올라가서 반대편으로 사라질 때는 바퀴부터 차례로 안 보이기 시작하여 윗부분만 조금 보이다가 그것마저 사라지고 맙니다. 너무 심심해서 한 번 굴러 보기도 합니다.

저는 심심하면 오락을 하거나 친구하고 전화를 합니다.

친구들은 가끔 삐삐를 해서 전화를 해 달라고 말하기도 합니다. 엄마가 집에 계시면 잘 못하지만 안 계시면 자유롭게 전화를 할 수 있습니다. 준호 집에는 전화가 없었을까요?

그런데 준호 또래의 거지 아이가 대문 안에 서 있었습니다.

"먹을 것 좀 주세요."

거지가 말합니다. 그렇지만 그냥 지나갑니다. 아마도 준호가 어른이 아니니까 실망스러워서 그랬나 봅니다.

가끔 엄마하고 역전 쪽으로 가면 거지들이 보입니다. 저번에는 어떤 더러운 아저씨가 저 앞으로 손을 내밀면서 "돈 좀 주세요. 배 고파요" 하고 말했습니다. 나는 무서워서 얼른 엄마한테로 도망을 쳤습니다. 나중에 생각하니까 굉장히 미안했습니다.

준호는 집을 뛰쳐나와 가게로 가서 김이 모락모락 나는 호빵을 들고 뛰어가 거지에게 주었습니다.

"가지고 가서 어머니와 동생들과 나누어 먹어."

"고마워."

그 거지 아이가 고갯길을 넘어가고 나니 눈이 펄펄 내리

기 시작했습니다. 준호는 원고지를 꺼내어서 글짓기 숙제를 하였습니다. 제목은 〈첫눈을 선물해 준 천사〉였습니다.

저는 이 책을 다 읽고 집 밖을 내다보았습니다. 정말 거지 소년이 있을까 하구요. 그런데 친구들만 놀고 있었습니다.

만약에 그런 거지 소년이 내 앞에 나타난다면 어떻게 할까 생각해 보기도 했습니다. 얼른 부엌으로 들어가 밥하고 반찬을 갖다 줄 것 같았습니다. 배가 고플 테니까요.

오늘부터 준호의 따뜻한 마음씨를 본받고 싶습니다.

예문

편지들의 이야기

4학년 이기영

우리 집에는 책이 많습니다. 엄마가 다른 장난감은 잘 안 사 주지만 책은 아주 많이 사 주기 때문입니다.

책을 안 읽으면 많이 혼나기 때문에 오늘도 동화책을 읽었습니다.

길가에 커다란 우체통이 있습니다. 그 우체통은 편지들의 여관입니다. 그 여관은 돈을 받지 않습니다. 우표 하나만 붙이고 들어가면 확인이 되니까요.

하지만 170원을 넘어서는 안 됩니다. 어떤 편지는 140원 짜리를 붙이고 들어오는데 이 편지를 '엽서'라고 부르지요.

저는 편지를 쓰는 일이 거의 없습니다. 그래서 우표값이 얼마인지 몰라요. 갑자기 할머니께 편지를 쓰고 싶다는 생각이 들었지만 주소를 모릅니다. 할머니하고는 전화를 자주 하기 때문에 한 번도 편지를 쓰지 않았어요. 내가 편지를 보내면 할머니가 어떤 표정을 지으실지 궁금했습니다.

어느 달빛이 밝은 날, 깜깜한 우체통 안에서는 수군거리는 소리가 들렸습니다.

한 편지가 말했습니다.

"아, 모두들 어디 가는 분들인지 몰라도 이것도 인연인데 인사나 나눕시다."

점잖게 앉아 있던 편지들이 반가운 듯 하나씩 입을 열기 시작했습니다.

"초면입니다. 나는 뒷마을에 혼자 사시는 할머니 집에서 왔지요."

"저는 가겟집 따님이 서울 백화점에 가 있는데 얼마 전 보내온 돈으로 송아지를 샀다고 심부름을 떠나는 길이에요."

그 때 어느 한 편지가 훌쩍훌쩍 울기 시작했습니다.

"여보세요, 왜 그렇게 울고 있습니까?"

"저는 멀리 바다 건너 제주도로 갑니다. 그런데 아버지께서 제주도로 일을 가셨는데 첫돌을 지낸 아기가 앓다가 그만 하늘 나라로 갔습니다."

훌쩍훌쩍, 모두들 가엾은 아기를 위해 눈물을 뿌립니다. 갑자기 저도 눈물이 날 것 같았습니다.

이 이야기를 들은 다른 편지들은 위로해 주며 같이 슬퍼해 주었습니다.

그리고 나서 한 편지가 이야기를 꺼냈습니다.

"저는 '한경수'라는 아이의 집에서 왔습니다. 아버지는 일선에 계신 군인이시지요."

"글씨를 아주 깨끗하게 썼군요."

다른 편지들은 '한경수'라는 아이가 쓴 글을 읽고 감동했습니다. 그 때 한 편지가 긴장한 얼굴로 말했습니다.

"쉿! 조용히……."

편지들은 저희들끼리 속닥이던 이야기를 멈추고 모두 우체통의 문을 바라보았습니다.

어느 한 소녀가 가느다란 목소리로 말했습니다.

"편지야, 얼른 친구가 있는 곳으로 가. 예쁜 답장을 보내 달라고 전해 줘."

그 소리와 함께 새로운 편지가 사뿐히 내려앉았습니다. 새 편지 손님은 이리저리 둘러보다 이야기를 했습니다.

"죄송합니다. 모두들 주무시는데 놀라게 해서……."

"아닙니다. 우리들도 모여서 재미있는 이야기를 했는걸요."

어느새 달빛은 사연을 엿듣다가 바쁜 길을 떠났습니다.

편지들이 모두 말을 한다면 정말 재미있을 것입니다. 편지 내용 속에는 정말 재미있고 소중한 말들이 많이 적혀 있기 때문입니다.

만약 내가 할머니께 편지를 보낸다면 내 편지는 무슨 이야기를 할까요? 아마도 내가 개구쟁이라서 엄마한테 매일 야단만 맞는다고 할 것 같아요.

이제부터 나도 칭찬받는 어린이가 되겠어요.

6. 마지막 정리

끝으로, 나의 결심을 마지막에 쓰면 좋습니다. 맨 끝으로 책을 읽은 후에 느낀 결심이나 앞으로의 소감을 간단하게 적습니다.

예문

석이와 리오

5학년 김효진

우리 집에 귀엽고 털이 하얀 그런 강아지가 있다면 얼마나 좋을까.

항상 저는 그런 생각을 하며 지냈습니다. 그렇지만 우리 엄마는 강아지를 별로 좋아하지 않습니다.

"털 빠지고 똥 싸면 얼마나 귀찮은데."

그렇게 말씀하시면서도 길거리에서 예쁜 강아지를 보면 "아유, 예쁘구나" 하고 감탄을 하십니다.

정말 우리 엄마를 이해할 수가 없습니다.

리오는 제가 가장 갖고 싶어하는 그런 강아지였습니다.

털이 희고 입이 뾰족한 스피츠 종의 귀여운 개입니다. 석이는 할머니 댁에서 리오를 얻어 온 다음부터 품 속에 꼬옥 껴안고 뽀뽀를 해 주고 좋아서 야단입니다. 리오도 그것이 기뻤던지 석이의 얼굴이나 손을 마구 핥습니다. "에그 더러워" 하고 누나는 떨떨 뛰는데 석이는 좋아서 싱글벙글 웃고만 있습니다.

석이는 정말 리오를 사랑하나 봅니다. 리오가 똥이나 오줌을 싸면 누나들은 코를 막고 밖으로 뛰어 나가지만 석이는 걸레로 깨끗이 닦아 주었습니다.

리오의 밥 시중도 당연히 석이의 몫입니다.

어머니께서 빵이나 과자를 사 오시면 절반을 리오에게 줍니다. 석이는 정말 리오가 좋은 것 같아요.

그런데 슬픈 일이 일어났습니다. 석이 엄마가 옆집 아주머니에게 리오를 주고 오셨습니다.

아휴, 아까워라.

저는 혼자 중얼거렸습니다. 왜 어른들은 집에서 강아지

키우는 것을 좋아하지 않는지 이해할 수가 없었습니다. 강아지는 사람을 괴롭히지 않습니다. 오히려 사람들이 강아지를 괴롭히지요. 그런데 조금 귀찮다고 해서 싫어하다니 알 수가 없었습니다.

그 다음 날부터 석이가 집에 돌아오는 시간이 차츰 늦어졌습니다. 이웃집에 가서 리오와 놀고 오느라고 그런 것입니다.

그래도 석이는 착합니다. 엄마한테 리오를 도로 찾아와 달라고 떼를 쓰지 않으니까요.

무조건 떼만 쓰면 된다고 생각하는 애들이 많습니다. 그렇지만 석이는 그렇게 떼를 쓰지 않고 어른들이 반성하게끔 만들어 버렸습니다. 말없이 리오를 사랑했으니까요.

어느 날 갑자기 석이가 늦은 시간까지 집에 돌아오지 않습니다.

가족들은 따랗게 질려서 놀이터, 유치원 등 많은 곳을 뒤졌지만 석이를 찾지 못했어요.

그 때 석이는 리오를 꼭 껴안고 잠들어 있었기 때문에 아무도 찾아 내지 못했던 것입니다.

리오를 얼마나 사랑하는지, 석이 마음을 알 것 같았습니다.

동물을 사랑하는 마음은 어른들보다 우리 같은 어린이들에게 더 많습니다.

내 친구는 키우고 있던 거북이가 죽었다고 하루 종일 울었습니다. 저도 괜히 눈물이 나왔습니다.

그렇지만 어른들은 키우던 동물이 죽었다고 눈물을 흘리거나 그리워하지도 않습니다.

리오를 사랑하는 석이도 어른이 된 후엔 동물을 사랑하는 마음을 잃어버릴까요?

저는 그렇게 생각하지 않습니다. 어렸을 때 동물을 사랑하는 사람은 자라서도 사랑할 거라고 믿기 때문입니다.

예문

선생님의 상
— 《별난 숙제》를 읽고

3학년 박소아

학교 숙제 중에는 여러 가지가 있습니다. 시장에 가서 야채 값을 알아 오는 숙제도 있고, 과학관에 가서 원숭이와 토끼들에게 음식을 줘서 뭘 잘 먹는지 알아 오는 숙제도 있습니다.

저번에는 공장에 견학을 가서 물건이 나오는 과정을 조사하는 숙제를 한 적이 있습니다.

내가 읽은 《별난 숙제》도 그런 종류였습니다.

"오늘 숙제는 가족의 발바닥을 그려 오는 것이에요. 또 그릴 때 내용도 적어 오세요."

선생님은 아이들에게 그게 오늘 숙제라고 말씀하셨습니다.

"선생님, 누구 발이 잘 생겼나 보고 상 줄 거예요?"

촐랑이 남철이가 묻습니다.

"상? 그렇지. 상을 주지."

선생님이 웃으시며 대답을 해 주십니다.

"무슨 상인데요?"

아이들이 가장 좋아하는 것은 선생님께 상을 받는 것입니다. 저도 저번에 글짓기 상을 받았는데 너무 기분이 좋았습니다. 그 날은 제가 최고인 것 같았습니다.

아이들은 집으로 돌아가 발을 그립니다. 선생님이 말씀하신 상을 받기 위해서입니다.

"어머나, 별난 숙제도 다 있다. 발바닥을 그려서 뭣에 쓸 거니?"

동엽이 어머니는 발가락을 꼼지락거리십니다.

"헤헷, 엄마는 왜 둘째 발가락이 엄지 발가락보다 길어?"

"응, 그건 외할머니가 외할아버지보다 오래 사셨으니까 그렇지."

"그럼, 엄마가 나보다 더 빨리 죽어?"

동엽이는 엄마 품으로 달려듭니다.

"호호호, 녀석, 그건 지어 낸 이야기란다."

어머니가 동엽이를 안아 주십니다.

"야, 너희 선생님이 구두 사 주신다니?"

호병이 아버지도 발을 도화지 위에 올려 놓고 묻습니다.

"히힛, 아빠는 공짜를 좋아하시니까 주변머리가 없죠."

아이들은 발을 그리며 웃음꽃이 피어났습니다.

그런데 희선이는 걱정이었습니다.

"어떡하지? 아빠, 엄마를 만날 수 없는데……"

희선이의 부모님은 생선을 받아 도매상으로 넘겨 주는 일로 밤에 들어오시기 때문입니다.

희선이는 시장으로 나가 아빠에게 갔습니다.

"아빠, 발을 그리는 것이 숙제예요."

"뭐 그런 숙제가 다 있냐?"

아빠는 도화지 위에 발을 올리셨습니다. 아빠의 발에서 냄새가 났습니다.

희선이는 잠깐 코를 찡그렸습니다. 그리고는 아빠의 발을 그리다가 아빠의 발바닥을 만지게 되었습니다. 그런데 발바닥이 딱딱했습니다.

"아빠 발은 이상해!"

이유는 아빠 발이 못생겼기 때문입니다. 아빠 발이 딱딱한 건 많이 걸어서 그렇고 발톱은 생선 상자를 들다 떨어뜨려서 빠진 것이었습니다.

'아하, 선생님이 말씀하신 상이란 게 이것이구나.'

희선이는 혼자서 중얼거렸습니다.

끝까지 다 읽고 나서 선생님의 숙제를 이해할 수 있었습니다.

우리들은 부모님의 고마움을 잘 모릅니다. 당연한 줄 압니다. 아마도 선생님은 아이들에게 부모님의 고마움을 알라는 뜻으로 그런 숙제를 내 주지 않았을까요?

내가 만약 그런 숙제를 받았다면 무슨 생각을 하며 부모님의 발 모양을 그렸을까요?

우리 아빠는 아침 일찍 집을 나가셔서 늦게 돌아오시고, 우리 엄마는 우리들을 위해 매일 고생을 하십니다. 그러니까 나도 그 애들처럼 발 모양을 그리면서 부모님의 고마움을 깨달았을지 모릅니다.

엄마한테 투정부리고 꾀부린 일이 후회되었습니다. 앞으로는 항상 부모님 말씀을 잘 듣겠습니다.

예문

군밤 장수 아저씨

6학년 송나래

겨울이 되면 가장 많이 듣는 소리가 있습니다.

"군밤 사세요! 군밤 사세요!"

그리고 늦은 밤이면 메밀묵 사라는 아저씨 외침 소리도 많이 듣습니다. 우리도 그 아저씨가 파는 찹쌀떡을 사 먹어 본 적이 있습니다.

두꺼운 외투를 입은 사람들의 발걸음이 빨라집니다. 몸이 얼어붙을 것 같은 겨울밤입니다. 군밤 장수 아저씨는 언 손을 호호 불며 사람들을 향해 외칩니다. 화로에서 빨간 숯불이 이글이글 타고 있습니다. 화롯불 위에 밤알들이 '탁탁' 튑니다. 군밤 장수 아저씨는 언 몸을 화롯불에 녹이며 사람들에게 군밤을 사라고 외칩니다. 그러나 오늘은 군밤을 사려 하는 사람이 적습니다. 날씨가 너무 추워서 집에 빨리

들어가려고 하기 때문입니다.

　군밤을 팔고 있는 맞은편 쪽에는 서점이 있습니다. 서점 앞에는 아까부터 낯선 소년이 서 있었습니다. 두 손을 헌 바지 주머니에 넣고 그저 말없이 서 있습니다. 그리고 군밤을 파는 것을 바라봅니다. 군밤을 사려는 소년은 아니었습니다. 누구를 기다리는 것도 아니었습니다.

　'소년은 군밤이 먹고 싶은 거야.'

　군밤 장수 아저씨는 속으로 이렇게 생각했습니다. 손을 들어서 소년을 부르려는데 마침 아주머니께서 지나가십니다.

　"아주머니, 따끈한 군밤이에요. 군밤 좀 사 가세요."

　"그래요!"

　아주머니께서 말씀하십니다.

　"한 봉지에 얼마예요?"

　"천 원이에요."

　아주머니께서 가신 후에 다시 맞은편 쪽을 바라보니, 소년은 아까 모습 그대로 서 있었습니다.

　'왜 소년이 저기에 서서 이 쪽만 볼까?'

군밤 장수 아저씨는 손을 들어 불러 보지만 소년은 발을 떼려 하지 않았습니다. 마침 두꺼운 외투를 입고 가방을 든 어른이 또 지나갑니다. 군밤 장수 아저씨는 계속 떠듭니다.

"따끈한 군밤이에요. 군밤 좀 사 가세요."

"그럴까? 천 원 어치만 싸 주세요."

군밤 장수 아저씨는 얼른 천 원 어치를 싸 드렸습니다. 어른은 군밤을 가방에 집어넣고 가셨습니다. 아마 집의 아이들에게 주려는가 봅니다.

가끔 우리 아빠도 군밤을 사 들고 오세요. 그러면 우리들은 입술이 까매지는 것도 모르고 맛있게 먹지요.

어른이 가신 후에 보니 소년은 아까 모습 그대로 서 있었습니다. 군밤 장수 아저씨는 소년에게, "이리로 와!" 하고 소리쳤습니다.

소년은 입을 꼭 다물고 터벅터벅 걸어왔습니다.

"얘, 앉아서 같이 불을 쬐자."

소년은 군밤 장수 아저씨와 얘기를 나누었습니다. 군밤 장수 아저씨는 군밤 세 톨을 주었습니다. 소년은 눈물을 주르륵 흘렸습니다.

4. 독서 감상문은 어떻게 써야 할까요?

군밤 장수 아저씨는 이름을 물었습니다. 소년은 학수라고 하였습니다. 학수는 두 손을 숯불 위에 녹이다가,

"군밤이 잘 팔리네요."

라고 말했습니다. 군밤 아저씨는,

"잘 팔릴 때에는 이만 원 어치도 팔았어. 그러나 오늘같이 추운 날은 잘 안 팔린단다."

하면서 웃습니다. 두 사람은 금방 친구가 되었습니다.

저는 이 글을 읽으면서 한 가지를 깨달았습니다. 어려운 일을 당하는 사람일수록 가엾은 사람을 도와 준다는 것을 말예요.

군밤 장수 아저씨는 추운 곳에서 장사를 하면서 학수가 왜 집에도 안 가고 그 곳에서 떨고 서 있는지를 눈치챈 것입니다.

저도 앞으로는 제 주변에 어려운 사람이 없는지 살펴보도록 하겠습니다.

지은이 김종윤

전라북도 남원에서 태어나
한국외국어대학교 법학과를 졸업하였다.
1993년 『시와 비평』으로 등단하여
장편소설 〈어머니는 누구일까〉, 〈아버지는 누구일까〉,
〈날마다 이혼을 꿈꾸는 여자〉, 〈어머니의 일생〉 등이 있으며,
창작동화 〈가족이란 누구일까요?〉가 있다.
그리고 〈문장작법과 토론의 기술〉, 〈어린이 문장강화(전13권)〉 등이 있다.

어린이 문장 강화 ⑤   독서감상문 잘 쓰는 법

초판 1쇄 발행일 : 2022년 1월 13일
초판 5쇄 발행일 : 2024년 6월 20일

지은이 : 김종윤
발행인 : 김종윤
펴낸곳 : 주식회사 자유지성사
등록번호 : 제 2-1173호
등록일자 : 1991년 5월 18일

서울특별시 송파구 위례성대로 8길 58, 202호
전화 : 02) 333-9535 / 팩스 : 02) 6280-9535
E-mail : fibook@naver.com
ISBN : 978-89-7997-408-9 (73800)

저자의 허락없이 무단전재나 복제를 할 수 없습니다.
파본은 구입하신 서점에서 교환하여 드립니다.

■ 읽기와 쓰기부터
문해력 · 어휘력 · 문장력까지
공부의 기초학력을 키워줍니다

▶ 어린이 문장강화

① 일기 잘쓰는 법
② 생활문 잘쓰는 법
③ 논설문 잘쓰는 법
④ 설명문 잘쓰는 법
⑤ 독서 감상문 잘쓰는 법
⑥ 관찰 기록문 잘쓰는 법
⑦ 웅변 연설문 잘쓰는 법
⑧ 기행문 잘쓰는 법
⑨ 편지글 잘쓰는 법
⑩ 동시 잘쓰는 법
⑪ 희곡 잘쓰는 법
⑫ 동화 잘쓰는 법
⑬ 원고지 잘쓰는 법

반복은 천재를 낳고 믿음은 기적을 낳는다

육서란 현재 사용되고 있는 한자를 각 글자 별, 사용예(使用例)를 고찰하여 그 정확한 의미를 파악하고, 동시에 그 자형(字形)의 성립과정을 구조적으로 분석해 보면 한자의 조자원리(造字原理)는 6가지로 귀납된다. 이를 육서(六書)라고 한다.

한자, 육서의 원리를 알면 쉽게 배운다①
① 그림으로 익히는 상형한자(象刑漢字)

한자, 육서의 원리를 알면 쉽게 배운다②
② 상상력으로 익히는 지사한자(指事漢字)

한자, 육서의 원리를 알면 쉽게 배운다③
③ 덧셈으로 배우는 회의한자(會意漢字)

한자, 육서의 원리를 알면 쉽게 배운다④
④ 스토리텔링으로 배우는 형성한자(形聲漢字)